CB080519

14 COMPETÊNCIAS ESSENCIAIS DO EDUCADOR PARENTAL

PARA PROFISSIONAIS QUE ORIENTAM PAIS E MÃES

14 COMPETÊNCIAS ESSENCIAIS DO EDUCADOR PARENTAL

PARA PROFISSIONAIS QUE ORIENTAM PAIS E MÃES

Bete P. Rodrigues

manole
editora

Copyright © Editora Manole Ltda., 2024, por meio de contrato com a autora.

Editor: Marcos Toledo

Projeto gráfico: Departamento de Arte da Editora Manole

Editoração eletrônica: Gilbert Julian da Costa Barbosa

Capa: Ricardo Yoshiaki Nitta Rodrigues

CIP-BRASIL. CATALOGAÇÃO NA PUBLICAÇÃO
SINDICATO NACIONAL DOS EDITORES DE LIVROS, RJ

R611q

Rodrigues, Bete P.

14 competências essenciais do educador parental : para profissionais que orientam pais e mães / Bete P. Rodrigues. - 1. ed. - Santana de Parnaíba [SP] : Manole, 2024.

208 p. ; 21 cm.

Inclui bibliografia

ISBN 9788520461594

1. Parentalidade. 2. Pais e filhos. 3. Crianças - Formação. 4. Disciplina infantil. I. Título.

CDD: 649.1

23-87002 CDU: 649.1

Meri Gleice Rodrigues de Souza - Bibliotecária - CRB-7/6439

Edição – 2024

Todos os direitos reservados.

Nenhuma parte deste livro poderá ser reproduzida, por qualquer processo, sem a permissão expressa dos editores.

É proibida a reprodução por fotocópia.

A Editora Manole é filiada à ABDR – Associação Brasileira de Direitos Reprográficos.

Editora Manole Ltda.

Alameda América, 876

Tamboré – Santana de Parnaíba – SP – Brasil

CEP: 06543315

Fone: (11) 41966000

www.manole.com.br | https://atendimento.manole.com.br/

Impresso no Brasil | *Printed in Brazil*

DEDICATÓRIA

Para minha filha Gabriella, meus enteados Carol, Felipe e Juju e ao pequeno Tom. Amo muito vocês!

A todos profissionais que atuam (ou querem atuar) com pais e mães e focam na construção de um mundo melhor por meio da educação. Espero que esse livro possa contribuir na sua trajetória.

SUMÁRIO

PREFÁCIO

Uma reflexão obrigatória para quem quer mudar o mundo começando pelas relações entre pais e filhos

Pais e filhos estavam isolados em suas casas, numa estratégia de proteção contra a pandemia da Covid-19, que ainda apavorava o mundo no segundo semestre de 2020, quando telefonei para a Bete para falar sobre minha ideia: promover um congresso para reunir educadores parentais formados por todas as escolas com o propósito de refletir sobre os desafios desta nova profissão. Ela me ouviu, abriu sua agenda e perguntou: "em qual dia você precisa de mim?". É provável que os primeiros *insights* para este livro que você tem hoje nas mãos tenham surgido durante aquela conversa.

Bete P. Rodrigues não só se colocou à disposição para palestrar no tal evento, como foi uma das mais empenhadas divulgadoras da proposta. Comunicou a novidade em todos os seus grupos de alunos e ex-alunos, fez *posts* e *lives* nas suas poderosas redes sociais. E, principalmente, assumiu o compromisso de fechar aquele 1º Congresso Internacional de Educação Parental, em São Paulo, em novembro de 2020, com uma emocionante palestra intitulada "As competências essenciais do educador parental". Foi de arrepiar.

É impossível contar a história do avanço da educação parental no país sem citar a história dessa educadora que foi uma das responsáveis por trazer para o Brasil as lições da Disciplina Positiva. Ela fez sua primeira formação em Disciplina Positiva em janeiro de 2008, nos Estados Unidos. Ficou encantada pela abordagem que propõe uma revolução nas relações entre pais e filhos, pautada na firmeza com gentileza. E, vem, desde então, como uma das pioneiras, espalhando pelo país as sementes que vemos hoje florescer.

Foi em 2017 que "conheci" a Bete, em uma reportagem sobre Disciplina Positiva publicada na extinta revista Canguru. A repórter Verônica Fraidenraich havia ficado impressionada com a entrevistada. Fez questão de me dizer: "fique de olho nesta Bete, acho que ela seria uma excelente palestrante para você". Verônica tinha razão. Bete é uma oradora fantástica – e olha que, como curadora de conteúdo para eventos, eu conheço muitas excepcionais. Aplicando um *workshop* numa pequena sala de hotel ou em cima de um palco falando para 1.000 mulheres, como no Seminário Internacional de Mães, o maior evento de maternidade do país, onde ela esteve em 2018.

Não por acaso a convidei para o fechamento daquela 1ª edição do nosso congresso de educadores parentais, em 2020. Ninguém melhor do que ela para conduzir essa reflexão sobre as competências que precisam existir (ou serem aprimoradas) nos profissionais que querem trabalhar educando pais e mães para preparar filhos melhores para o mundo. Naquele novembro de 2020, eram apenas 50 profissionais participando do congresso presencialmente, numa acanhada sala de hotel. Mas, como eu, a Bete sabia da necessidade de começarmos essa discussão sobre princípios e boas práticas neste ofício que é tão necessário no nosso país.

Como na palestra que proferiu naquela edição, o que Bete propõe nesta obra é uma reflexão muito profunda para cada um de nós que escolheu trabalhar, de alguma forma, na educação parental. Não é nada recomendável seguir no ofício sem fazer este autoexame de competências. O livro pode ser um alerta para desavisados que pegaram o caminho por acaso. Mas também pode ser uma vitamina, o melhor estimulante, para quem conseguir reconhecer em si mesmo as competências essenciais. Comigo, foi assim. "Estou no lugar certo", pensei, ao concluir a viagem proposta por minha professora.

Sim, também sou uma orgulhosa ex-aluna da Bete. Fiz a formação em Disciplina Positiva em 2020. Eu que já conhecia a potência da palestrante conheci em sala de aula o talento da formadora, que é referência para muitas das personalidades que hoje são referência para educadores parentais. Não é raro ver nomes famosos que convido para meus eventos revelarem, no palco, que começaram na área pelas mãos dela: "Fiz minha formação em Educação Parental com a Bete".

É uma grande honra ver essa pioneira da Educação Parental no Brasil lançando seu livro na 4ª edição do nosso congresso, que tornou-se mais do que um evento – virou um movimento em defesa do trabalho dos educadores parentais. Três anos depois daquele tímido encontro de 50 profissionais, discutir as competências essenciais para os profissionais deste ofício é tão fundamental quanto urgente.

Não havia palco melhor para o lançamento de um livro tão necessário. Nem educadora melhor para escrevê-lo. Se você quer mudar o mundo começando pelas famílias, já trabalha como educador parental – ou se pensa em se tornar um –, trata-se de leitura obrigatória.

Ivana Moreira
Jornalista e educadora parental. Fundadora da Canguru News e idealizadora do Congresso Internacional de Educação Parental.

INTRODUÇÃO

A IDEIA DE UM LIVRO SOBRE EDUCAÇÃO PARENTAL

Este livro é para você: educador ou educadora parental profissional. Incluo nessa nomenclatura todos os profissionais da saúde e da educação que atuam ou querem atuar com mães e pais, tais como profissionais de outras áreas que estão em transição de carreira. Talvez você seja pai ou mãe interessado em conhecer melhor a profissão – este livro a apresentará a você.

A ideia de escrever uma obra para educadores parentais nasceu quando criei a Formação Integral em Educação Parental no início de 2020, no meio da pandemia. Como já atuava há quase quatro décadas na área, formando profissionais da educação e depois, mais especificamente, educadores parentais, percebi que as perguntas, angústias e as crenças limitantes eram muito semelhantes entre os participantes dos cursos. Daí a necessidade de um curso e material que reunisse informações básicas para a profissão, que respondesse às perguntas e também convidasse à reflexão.

Eu acredito no poder da *reflexão* como ponto de partida do desenvolvimento pessoal e profissional. E acredito que a melhor maneira de refletir é por meio de boas perguntas. Você encontrará neste livro inúmeras perguntas e um pequeno espaço para respondê-las – talvez seja necessário ter também seu próprio "caderno de autorreflexão", no qual você poderá discorrer mais sobre cada questão.

A *reflexão,* para mim, permeia todo o processo de ensino--aprendizagem e é o primeiro passo para podemos partir para a *ação*. É na ação que muitos profissionais congelam e param. Uma pena. Porque a verdadeira *transformação* ou mudança só irá acontecer quando estivermos aplicando o novo conhecimento adquirido.

Portanto, você pode ler este livro apenas para conhecer mais sobre essa profissão de educador parental ou aceitar meu convite para *refletir* sobre o quanto você está pronto para exercer com competência essa profissão tão relevante e necessária na sociedade atual.

Muitos conteúdos deste livro estão nos "materiais de apoio" desta Formação Integral em Educação Parental que já existe há anos. Trago aqui um resumo de alguns módulos com a intenção de colaborar na SUA formação profissional.

Ao longo dos capítulos precisarei me referir com bastante frequência a dois dos personagens mais importantes na área da

Educação Parental: educadores parentais e pais/mães. Mesmo sabendo que no mercado atual a grande maioria de educadores parentais profissionais são mulheres, utilizarei, no decorrer do livro, a expressão "educador parental". No entanto, em relação ao *público* desse profissional – pais, mães e figuras parentais –, com o objetivo de encorajar que tanto pais quanto mães assumam igualmente sua responsabilidade na criação e educação dos filhos, ainda muito centrada na figura das mães, pretendo usar sempre *pais/mães* para incluir todos os responsáveis pelos filhos em um ambiente familiar.

Antes de apresentar minha definição do que é Educação Parental e quem é o educador parental, vou descrever brevemente minha experiência específica na área da Educação Parental.

MINHA TRAJETÓRIA NA ÁREA DA EDUCAÇÃO PARENTAL

Comecei a estudar sobre parentalidade quando passei a exercer minha função de madrasta e depois mãe (como muitas começaram), há quase 30 anos. Já era uma experiente profissional da educação e estava na direção de uma escola de inglês especializada em crianças e adolescentes quando passei a atender pais e mães diariamente. Foi quando percebi que precisaria estudar ainda mais sobre criação de filhos. Na época, não havia muitos livros em português sobre parentalidade e, aliás, não usávamos essa expressão em português. Lembro-me de quando finalmente conheci uma abordagem que mudaria a minha vida profissional, familiar e pessoal: a Disciplina Positiva. Em janeiro de 2008, fui com mais quatro brasileiros participar de um longo treinamento em Los Angeles (três meses) a fim de trazer uma ONG internacional para o Brasil. Nosso trabalho era conduzir um programa de desenvolvimento de habilidades socioemocionais para crianças com vulnerabilidade social. Atuávamos em instituições do terceiro setor e escolas públicas em São Paulo e no Rio. A base teórica da ONG era a Disciplina Positiva e eu comecei naquele ano a devorar os livros em inglês e também a utilizar os conceitos e ferramentas dessa abordagem em casa, na escola em que atuava como coordenadora, na PUC e nas ONGs onde era voluntária.

Em 2009, eu, Samantha Schreier e Ruymara Almeida, formamos um pequeno grupo de estudos e nos reuníamos semanalmente para estudar e planejar cursos para pais, mães e profissionais. Logo, passamos a oferecer com frequência *workshops* em livrarias, condomínios e escolas e acabamos criando a Disciplina Positiva Brasil. Finalmente nos certificamos como educadoras parentais em Disciplina Positiva, pela Positive Discipline Association, em 2012. Foi quando, no Brasil, começamos a utilizar essa expressão em português – educadoras parentais.

Em uma chamada em vídeo com a Dra. Jane Nelsen, em 2013, soubemos por ela que os direitos autorais do livro *Disciplina Positiva* tinham sido adquiridos pela Editora Manole e nós resolvemos participar de um processo de seleção para sermos as tradutoras. Desde então, acabei também cotraduzindo sete livros da série, entre outros materiais. Quero destacar o importante livro *Serenidade*, que não faz parte da série, mas é da mesma autora.

Nesses mais de dez anos atuo como educadora parental certificada pela *Positive Discipline Association* e sou coautora e/ou prefacista de nove títulos sobre Parentalidade e Educação, além dos dois livros infantis com a Juliana Gatti: *Natureza fora da caixinha*.

Acabei me tornando trainer em Disciplina Positiva em 2016 sob a supervisão da própria Jane Nelsen e da competente psicóloga adleriana Lois Ingber. Desde então, conduzi, até o momento, 77 grupos de certificação de Educação Parental em Disciplina Positiva, reconhecidos pela *Positive Discipline Association* (PDA); portanto, tive a oportunidade de fazer a formação de mais de dois mil educadores parentais até o momento.

Como disse antes, criei, no início de 2020, a Formação Integral em Educação Parental e, nesse mesmo ano, fui convidada pela Ivana Moreira para dar uma palestra no 1º Congresso Internacional de Educação Parental. Descrevi na palestra "As competências essenciais do educador parental".

No começo da minha carreira como educadora parental, como eu já era *coach* profissional certificada pelo ICI (*Integrated Coaching Institute*) e diplomada em Neurolinguística (pela *International Neuro-Linguistic Programming Trainers Association*), eu costumava me autointitular *coach* parental. Se hoje temos tantas pessoas que ainda desconhecem a profissão, vocês imaginam em 2012?

Tenho muito orgulho de acompanhar tão de perto o crescimento do mercado da Educação Parental no Brasil. Torço para que, neste momento, em que você está lendo este livro, já tenhamos avançado ainda mais com políticas públicas, pesquisas acadêmicas e bibliografia especializada. Observem, nas Referências bibliográficas e livros sobre parentalidade, as datas das publicações especializadas em português: o número de livros para pais/mães cresceu muito nos últimos anos.

Sou muito grata por atuar na área da educação há tanto tempo e em frentes tão diversas. Espero, com este livro, poder colaborar para que a sua trajetória seja também muito frutífera e motivo de orgulho e satisfação.

Agora sim, vamos falar sobre, afinal, quem é o(a) educador(a) parental?

EDUCADOR PARENTAL: UMA DAS PROFISSÕES MAIS ANTIGAS DO MUNDO

Educação/educar (do latim *educare*), segundo o dicionário, é substantivo 1. Ato ou processo de educar(-se); 2. Aplicação dos métodos próprios para assegurar a formação e o desenvolvimento físico, intelectual e moral de um ser humano.

Educare é derivada do prevérbio *E*, que significa "fora" ou "exterior", e o verbo *ducare, dúcere,* que significa "levar", "guiar", "conduzir". Ou seja, em latim, educação tinha o significado literal de "criar, nutrir, fazer crescer". Etimologicamente, podemos afirmar que educação, do verbo educar, significa "trazer à luz a ideia".

Educador = quem educa.

Parental (do latim *parentalis*) = adjetivo relativo aos pais e mães ou pessoas que, sozinhas ou juntas, assumem as responsabilidades nos cuidados de crianças ou adolescentes.

Parentalidade é outro termo que também se refere aos pais ou mães ou à pessoa ou pessoas que assumem **funções parentais**, isto é, são responsáveis pelo desenvolvimento físico, psíquico ou social da(s) criança(s).

Educadores parentais ou Educadores da Parentalidade são, portanto, todos aqueles que **educam pais** ou quem cuida das crianças/filhos.

É verdade que é uma "nova" profissão?

Não! Podemos encontrar orientações para mães e pais até nos ensinamentos dos filósofos gregos. Plutarco, por exemplo, criticava a indiferença dos pais em relação à educação dos seus filhos, orientava mulheres a amamentar seus filhos e falava sobre como os pais devem se preocupar com a formação de seus filhos desde a concepção até sua educação na adolescência. Além disso, em seu tratado sobre a educação, orienta que os pais devem atuar como modelos comportamentais para seus filhos:

> Vou falar sobre a natureza humana. Retomando, eu próprio não julgo digno os pais, quanto à natureza, serem rudes e rigorosos; mas, em muitos casos, ceder a alguns erros mais por gentileza, recordar que eles próprios foram jovens. Como os médicos, após misturarem os compostos amargos dos remédios com sabores doces, descobriram o agradável no caminho conveniente, assim devem os pais misturar a severidade dos condenadores com a complacência, ora permitir os desejos das crianças e soltar suas rédeas, ora de novo resistir-lhes, sobretudo, suportar com bom humor os seus erros; senão, na ocasião

> em que estiverem encolerizados, rapidamente se acalmar. O pai deve ser mais rigoroso que opressor, porque isso é uma grande prova de hostilidade e de intratável ódio pelo filho. É belo parecer que não viu um dos seus erros, antes a dificuldade de audição e a vista fraca da velhice reverter para o ocorrido, como se não tivessem visto que viram alguns de seus atos, nem ouvido o que ouviram. Suportamos as coisas erradas dos amigos; por que nos espantar com as dos filhos?

Acredito que poderíamos encontrar pessoas sábias sendo procuradas em aldeias há milênios pedindo orientação sobre a criação de filhos. Chamávamos essas pessoas de "educadores parentais"? Não, mas é o que já faziam. Portanto, acredito ser uma das profissões mais antigas do mundo; afinal, existem mães e pais desde o começo dos tempos...

A diferença é que, nos últimos séculos, as orientações para mães e pais foram principalmente dadas por pediatras, enfermeiras, psicólogos, terapeutas familiares, assistentes sociais, parteiras, orientadores educacionais, coordenadores, diretores de escola, professores, entre outros. Isso sem mencionar todos os familiares, vizinhos e amigos que adoram dar conselhos aos pais/mães de "primeira viagem"...

Criar e educar filhos não é tarefa fácil mesmo; portanto, ter profissionais que foquem nos pais é imprescindível.

Por esse motivo, o mercado da Educação Parental cresceu tanto nos últimos anos no mundo todo e, consequentemente, no Brasil.

São inúmeros os benefícios dessa profissão, mas quero destacar alguns:

- estudar um assunto (criação de filhos, relacionamento familiar) que pode ser útil para sua vida pessoal, além da profissional;
- total liberdade de atuação (você vai escolher o assunto da parentalidade que vai abordar com os pais, se prefere atuar no formato on-line ou presencial, a carga horária que vai se dedicar, o local onde vai atuar etc.);
- e, principalmente, ter a satisfação de contribuir para a harmonia em lares e famílias.

Mas será que qualquer pessoa pode tornar-se um(a) educador(a) parental?

Que tal refletir sobre isso?

VOCÊ ESTÁ PRONTO PARA SER UM EDUCADOR PARENTAL?

Quero te convidar a responder cada uma dessas cinco perguntas porque serão necessárias algumas ações e atitudes da sua parte.

Responda *sim* ou *não* para cada um desses pontos:

1. Você está pronto para investir tempo para ESTUDAR sobre parentalidade?
2. Você está pronto para ter uma postura de ABERTURA, disposição para ouvir, refletir e mudar de opinião e de

atitudes (se quiser)? Você será convidado(a) a testar novos conceitos (mesmo sem ter certeza se vão funcionar), estratégias diferentes, conhecer novas possibilidades que podem trazer resultados mais positivos para sua vida.

3. Você está pronto para CONHECER-SE como pessoa, como mãe/pai e profissional? Para ser o melhor educador parental, você precisa saber onde está e onde quer chegar.
4. Você está pronto para DEFINIR ONDE VOCÊ QUER CHEGAR? A importância dos itens anteriores é que, sem eles, você não consegue definir metas pessoais e ter ações consistentes para atingi-las, mesmo quando os resultados não forem imediatos. Porque estamos entrando em um PROCESSO, é um livro que te convida a REFLETIR, para depois AGIR e chegar na TRANSFORMAÇÃO e não é um passe de mágica! É um processo de corresponsabilidade.
5. Você está pronto para EVITAR JULGAMENTOS E COMPARAÇÕES? Não se comparar com outros educadores parentais nem me comparar com outros profissionais ou este livro com outros livros sobre educação parental. Esse pensamento de "julgamento" vai te impedir de focar no que realmente importa: seu aprendizado e desenvolvimento.

E COMO ESTÁ SEU CONHECIMENTO TÉCNICO E SOCIOEMOCIONAL DA PROFISSÃO?

Estou curiosa para saber se você já parou para pensar que essa é uma profissão que requer muita preparação e conhecimento técnico – afinal, você vai dar aulas ou fazer atendimentos para mães e pais que, por sua vez, serão educadores de crianças e adolescentes (filhos)!

O educador parental deve saber fazer um planejamento de curso, saber quais são as partes essenciais de um atendimento individual, saber definir objetivos, conteúdos, conhecer diferentes abordagens/linhas e estratégias para definir qual utilizará, aprender a gerenciar grupos de pais e mães, a lidar com participantes difíceis, criar um "clima" positivo, respeitoso e encorajador – um lugar seguro para que os pais se sintam à vontade para se colocar, abrir seu coração.

Para isso, precisará ser um exemplo de liderança autoritativa, paciência, empatia, acolhimento, integridade, saber demonstrar empatia, ter escuta ativa, desenvolver ainda melhores estratégias de comunicação, tais como: fazer combinados, contar histórias, interromper, dizer não, fazer perguntas poderosas...

Dá trabalho, mas vale a pena.

POR QUE PAIS E MÃES PROCURAM EDUCADORES PARENTAIS OU CURSOS/ *WORKSHOPS* SOBRE CRIAÇÃO DE FILHOS?

Geralmente para resolver os problemas que eles têm com os filhos. Esses comportamentos desafiadores dos filhos – de que os pais e mães reclamam – são muito semelhantes no mundo todo para qualquer tipo de família!

Outra semelhança é o que *desejamos* para nossos filhos: o melhor!

Portanto, mesmo que cada família seja única – encontramos queixas, desejos e expectativas dos pais muito semelhantes também.

Um exemplo das inúmeras diferenças culturais que existem é o tipo de interação que é considerado usual entre adultos e crianças. Em muitos países pelo mundo e em várias cidades no Brasil, uma educação punitiva é absolutamente normalizada: pais e mães podem bater nos filhos para educá-los, mesmo sendo a lei da palmada[1] uma lei nacional desde 2014!

Felizmente, punir os filhos para ensiná-los uma lição não é mais motivo de orgulho em cada vez mais contextos no Brasil. Muitos pais e mães conscientes, engajados e que não querem apenas reproduzir modelos ultrapassados buscam uma educação mais respeitosa, positiva e empática. Mas ainda é difícil romper com esses padrões culturais, muitas vezes geracionais. E poderíamos pensar em muitos outros exemplos que mostram o quanto cada família é única, é diferente.

Como pais e mães trarão problemas para os quais não conseguem enxergar soluções e desafios que estão impedindo o bom convívio familiar, o equilíbrio emocional do educador parental será colocado à prova. E também a sua paciência, as suas habilidades de comunicação, as suas habilidades para estabelecer uma conexão com aqueles adultos frágeis que estão ali, precisando de mais do que um ombro amigo – às vezes parece que estão pedindo um milagre!

---

1 Lei da palmada é o nome informal da lei n. 13.010/2014, que proíbe o uso de castigos físicos ou tratamentos cruéis e degradantes contra crianças e adolescentes no Brasil.

Então, para poder lidar com o provável desequilíbrio emocional dos pais e mães que você vai atender, você precisa ANTES passar pelo processo contínuo de aprender a cuidar de si mesma(o) – o autocuidado.

Esse também é um dos objetivos dessa parte inicial – lembrar que podemos e precisamos cuidar de nós mesmos, adquirindo alguns hábitos saudáveis simples, mas frequentes.

CUIDAR DE QUEM CUIDA

Muita coisa da nossa vida foge do nosso controle e não está ao nosso alcance resolver, mas você tem um certo controle sobre o seu estado interior: que seja saudável, positivo – um bom exemplo para as pessoas que o cercam.

Essa lista de hábitos é infinita, mas eu trouxe aqui apenas nove sugestões minhas.

1. **S de silêncio** – é preciso silêncio para poder ouvir sua voz interior, para poder aquietar-se.
2. **A de atenção** – a tal atenção plena, que é estar focado e relaxado ao mesmo tempo, no tempo presente, não se distrair com mais nada, não pensar no passado nem no futuro; é focar no aqui e agora.
3. **B de brincadeira** – trazer leveza para o seu dia a dia, diversão, humor, alegria... Brincar na Natureza então, é onde a mágica acontece!
4. **E de escuta** – escutar sua mente, seus pensamentos, seu coração, e também poder escutar de uma forma empática e respeitosa, calma e paciente o que os pais te contarem.

5. **D de doação** – fazer algo por alguém é uma das melhores maneiras de fazermos o bem para nós mesmos – é aquela história: fazer o bem faz bem, faz-nos sentir necessários, úteis, importantes...
6. **O de observação** – aqui, outra vez, quero lembrar da importância de "distanciar-se" e tentar observar sem julgamento, mas com respeito e empatia as coisas que acontecem na sua vida, observar os seus sentimentos e os das pessoas que o cercam, observar as suas necessidades e as necessidades das pessoas ao seu redor, observar a sua postura física, o seu andar, o seu sentar, o seu ritmo, a sua escolha de palavras, as suas reações, os seus vícios – é aquele passo para trás, necessário para poder fazer uma autoavaliação, desenvolver sua autoconsciência.
7. **R de respiração** – respirar você já respira, é lógico! Mas como anda sua respiração? Você costuma parar para observar o ar entrando pelas suas narinas? Observa o ar saindo? Você sabia que a respiração profunda e consciente é a melhor forma de nos acalmarmos?
8. **I de integral** – é importante lembrar que somos plenos, inteiros, integrais – precisamos aprender a cuidar da nossa saúde física, emocional, mental, espiritual...
9. **A de agradecimento** – ter o hábito de agradecer por tudo o que somos e temos e por tudo o que nos acontece nas nossas vidas é outro segredo do sucesso para atingir a tão sonhada vida plena, saúde integral.

Observem que a inicial de cada palavra forma a palavra **SABEDORIA!**

Espero que sua sabedoria interna o ajude a fazer uma leitura *ativa* sobre conceitos e informações acerca da profissão do educador parental.

COMPETÊNCIAS ESSENCIAIS DO EDUCADOR PARENTAL

Neste livro apresentarei *conhecimentos* sobre a área de atuação e o mercado da educação parental, além de contribuir para o desenvolvimento de *habilidades* específicas que são necessárias e refletir sobre *atitudes* essenciais para esse profissional atuar.

As *habilidades* são as capacidades específicas que são aprendidas para desempenhar determinado papel. As habilidades nos ensinam o "o que" aprender, mas não nos dizem "como" realizar um trabalho com sucesso. Esse "como" é definido pelas *competências*, que são o conjunto de características que permitem a uma pessoa realizar algo de forma competente.

A **competência** é formada por três grandes eixos:

- Conhecimento – o *saber* necessário para realizar uma função ou tarefa.
- Habilidade – o *saber fazer* aquela função na prática.
- Atitude – o *querer fazer* ou *querer realizar* essa função.

Habilidades e competências são diferentes, mas complementares, pois o desenvolvimento das habilidades possibilita que competências sejam adquiridas e aperfeiçoadas.

A profissão do educador parental ainda está se desenhando no Brasil. O que está definido é que esse profissional atua com pais e mães e que precisa de *competências essenciais*. Este é o foco deste livro: refletir sobre quais são elas e como desenvolvê-las.

Esse profissional precisa adquirir conhecimentos sobre parentalidade, desenvolver muitas habilidades específicas e ter atitudes coerentes e consistentes.

Ser um educador para pais, mães e figuras parentais significa poder afetar relacionamentos familiares, ajudar na construção de vínculos, transformar e impactar gerações.

Observem que vou discorrer ao longo do livro sobre competências de diversas categorias – principalmente as socioemocionais e técnicas e, como algumas vezes elas se sobrepõem, resolvi não diferenciá-las – são todas *essenciais*. No entanto, como muitas das que serão mencionadas são competências da esfera socioemocional, pretendo antes de falar de cada uma delas relembrar um pouquinho da história da educação socioemocional.

EDUCAÇÃO SOCIOEMOCIONAL

Em 1993, Howard Gardner lançou seu livro *Multiple Intelligences – The Theory in Practice* e apresentou a teoria das inteligências múltiplas. Segundo ele, neste livro, existem pelo menos sete tipos de inteligência:

- Inteligência musical
- Inteligência corporal-cinestésica
- Inteligência lógico-matemática
- Inteligência linguística

- Inteligência espacial
- Inteligência **interpessoal**
- Inteligência **intrapessoal**

Quero chamar a atenção para essas duas últimas. A inteligência **interpessoal** está relacionada às interações entre pessoas e é sinônimo de inteligência social. Já a inteligência **intrapessoal** é sinônimo de inteligência pessoal ou emocional e está relacionada a si mesmo (por exemplo, conhecer-se bem ou autoconhecimento).

Era o começo de uma revolução na área da educação.

Pouco depois, em 1994, foi fundada a importante organização CASEL (*Collaborative for Academic, Social, and Emotional Learning*) na cidade de Chicago, nos Estados Unidos. Era inicialmente um grupo de estudiosos que se propuseram a investigar os impactos da educação socioemocional como forma de promover mudanças saudáveis na sociedade. As atividades da CASEL consistem, principalmente, na criação de uma comunidade colaborativa para troca de experiências e na criação e disseminação de programas eficazes de desenvolvimento socioemocional. Uma das principais contribuições da organização foi a criação do CASEL *Framework* (modelo). Nessa estrutura, são definidas cinco macrocompetências sociais e emocionais básicas para a implantação da aprendizagem socioemocional nas instituições. São elas:

- Autoconhecimento – Você se conhece?
- Autorregulação – Você controla suas emoções/pensamentos/comportamentos?
- Consciência social – Você compreende os outros?

- Habilidades de relacionamento – Você tem relacionamentos positivos (saudáveis e gratificantes)?
- Tomada de decisão responsável – Você pratica a tomada de decisões responsáveis/faz escolhas construtivas?

Logo depois, em 1995, o psicólogo e jornalista Daniel Goleman (um dos fundadores da CASEL) aprofundou em seu livro, *Inteligência Emocional*, esse conceito que foi desenvolvido por Peter Salovey (Yale) e John Mayer (New Hampshire) e que vem sendo amplamente estudado desde então.

Segundo Goleman, pessoas com inteligência emocional conhecem e controlam suas emoções, além de compreenderem e lidarem melhor com os sentimentos dos outros. São pessoas habilidosas em relacionamentos. Na linguagem das múltiplas inteligências, a inteligência emocional é a elaboração das inteligências intrapessoais e interpessoais.

Nesse mesmo livro ele apresenta as **cinco dimensões da inteligência emocional**:

- Autoconsciência (*self-awareness*)
- Autocontrole (*self-control*)
- Automotivação (*self-motivation*)
- Empatia (*empathy*)
- Habilidades interpessoais (*relationship skills*)

Felizmente, no Brasil, temos a BNCC – Base Nacional Comum Curricular (documento normativo para as redes de ensino e suas instituições públicas e privadas), que orienta as escolas a trabalharem a Educação Socioemocional com as crianças e adolescentes; e, finalmente, o desenvolvimento dessa inteligência socioemocional é também foco das escolas.

Eu vou partir dessa base teórica e da minha prática como educadora parental há mais de uma década e como educadora de crianças, jovens e profissionais há quatro décadas para refletir sobre quais **competências** são essenciais para o educador parental e como podemos desenvolvê-las.

Obrigada pela confiança e pela oportunidade de refletir e compartilhar minhas reflexões com você! Boa leitura!

Bete P. Rodrigues

CAPÍTULO 1

BUSCAR O AUTOCONHECIMENTO

Vamos começar pelo **autoconhecimento** – que pode ser resumido como: conhecer-se, apreciar-se e cuidar de sua saúde física e emocional; compreender-se na diversidade humana; reconhecer seus sentimentos e identificar como eles influenciam nossos comportamentos. Essa competência nos ajuda a conhecer nossos pontos fortes e fracos e a ajustá-los para alcançar nossos objetivos.

E POR QUE ISSO É IMPORTANTE PARA UM EDUCADOR PARENTAL?

Bom, primeiro porque isso é fundamental para qualquer pessoa, independentemente de sua profissão, mas nós que lidamos com gente, que vamos discutir relações, refletir sobre conflitos interpessoais, precisamos nos conhecer para depois podermos ajudar os pais e mães a se conhecerem também.

Nós, educadores parentais, não poderemos ajudar esses pais e mães a se conhecerem se nós não nos conhecermos a nós mesmos. Eles não poderão ajudar seus filhos a se conhecerem se não se conhecerem a si mesmos. Percebem? Eu aprendo e ensino e, à medida que ensino, continuo aprendendo! Essa é a maravilha da profissão de um educador! Sempre aprendemos mais e mais. O conhecimento é realmente o segredo do sucesso e da felicidade.

Para conhecer-nos precisamos parar, observarmo-nos, prestar muita atenção mesmo em tudo o que nos diz respeito: nossos sentimentos, crenças e atitudes. Aprender a refletir, talvez com a ajuda de alguém que nos faça boas perguntas, que nos dê um *feedback* e também fazendo anotações, como em um "diário reflexivo".

Por esse motivo, quero convidá-lo a refletir sobre suas forças e talentos e seus pontos a melhorar, bem como a registrar suas percepções no caderno de autorreflexão mencionado anteriormente. Eu verdadeiramente acredito no poder da escrita, do registro – acho que colocar no papel nos ajuda a organizar nossas ideias. Uso esse instrumento de reflexão em vários cursos que ministro.

Se essa autorreflexão for complementada com a percepção de outras pessoas que convivem conosco, passamos a ter outro conhecimento: como as pessoas nos enxergam, como nos apresentamos no mundo.

Eu concordo com as teorias que afirmam que não somos só o que achamos que somos ou só como as pessoas nos veem –

somos uma grande mistura de tudo isso porque tem um tanto sobre nós que outras pessoas desconhecem e que nós mesmos desconhecemos. Então, está aí uma jornada – a do autoconhecimento – que, na minha opinião, se você embarcar, não vai mais querer parar.

Às vezes é duro nos conhecermos, a nossa sombra, nossas fraquezas e medos, assumirmos nossos fracassos e aprendermos com os nossos erros, mas é isso que nos torna inteligentes emocionalmente. É isso que nos torna resilientes e mais sábios e nos prepara para desenvolvermos tantas outras habilidades!

Conhecer-se para mim é o melhor presente que podemos nos dar. É o primeiro passo. O mais importante.

Nos próximos capítulos deste livro, você encontrará ao final perguntas de autorreflexão. Neste aqui eu trago perguntas e alguns exemplos pessoais para encorajar seu autoconhecimento por meio da reflexão. Como eu já disse, esse é o primeiro passo para seu autodesenvolvimento e crescimento pessoal e profissional.

Em algum momento da sua vida você vai precisar parar para refletir sobre essas questões que eu vou trazer. Se você já respondeu a essas perguntas antes, responda de novo. Você provavelmente não é a mesma pessoa de *antes*. Você já mudou desde aquela vez que te perguntaram.

Vamos lá!

PERGUNTAS DE AUTORREFLEXÃO

1. Quem é você?

É uma pergunta super ampla – para você responder como quiser.

2. Quais são seus pontos fortes, suas forças e seus talentos?

Sugiro fazer uma longa lista de características, qualidades – mesmo que você não use essas forças o tempo todo com todos.

Dedique tempo para essa atividade – você vai descobrir mais pontos fortes do que imaginava que se lembraria.

Se foi difícil fazer uma lista, talvez seja mais fácil responder a essas próximas duas perguntas:

2.1. Do que você se orgulha?

Pense em algo que você fez ou faz e se orgulha ou alguma caraterística sua (uma realização, uma conquista, um talento). Pode ser algo que as pessoas falam a seu respeito, elogiam ou sempre comentam – e complete a frase: "Eu tenho orgulho de"... ("fazer o melhor brigadeiro do mundo", por exemplo).

> **Exemplo pessoal:** Eu estava receosa de oferecer meu primeiro curso para pais e mães, mas quando um grupo de conhecidos demonstrou interesse, agarrei essa oportunidade e comecei! Sinto muito orgulho de ter organizado e conduzido aquela primeira turma – foram eles que ajudaram a divulgar meu trabalho como educadora parental naquele início, quando quase não existiam cursos sobre parentalidade no Brasil.

2.2. Como conseguiu fazer isso/atingir esse resultado?

Pense nas suas características e habilidades que contribuíram para o bom resultado.

> **Exemplo pessoal:** Tenho grande conhecimento sobre planejamento (foi o tema da minha Dissertação de Mestrado) e didática (são muitas décadas lecionando várias matérias para públicos muito diversos). Isso me ajudou a ter autoconfiança e elaborar um *workshop* para pais.

3. Quais são seus pontos a melhorar?

Dicas: Se aqui sua lista ficou maior do que na anterior (pontos fortes), volte na questão 2 e esforce-se para levantar mais pontos positivos! Use de autocompaixão.

Se estiver com muita dificuldade para responder às questões 2 e 3, peça ajuda: pergunte para alguém próximo, da sua confiança, quais são seus pontos fortes e a melhorar e depois volte nessas perguntas.

4. Na sua vida pessoal e profissional, onde você está hoje?

Descreva brevemente seu momento de vida.

5. Onde gostaria de estar em um futuro próximo?

Qual é seu sonho, seu desejo – o que você quer atingir?

6. Do que você precisa para chegar lá? Quais são as suas necessidades?

Observe como a nossa autoimagem, a maneira como nos enxergamos, como nos sentimos a respeito de nós mesmos, vai impactar diretamente a confiança que as outras pessoas vão depositar em nós! Isso vale para seus filhos, colegas no trabalho e os pais e mães para os quais você vier a dar cursos. A energia que transmitimos é ainda mais importante do que as palavras que usamos.

Autoconfiança é fundamental, mas temos que tomar cuidado para não passar uma imagem de arrogância, sabe-tudo, especialista... Porém vamos falar sobre isso mais para a frente.

Refletir sobre nossos sucessos e aprender com os nossos fracassos e erros é MUITO encorajador. É isso que nos inspira a mudar, melhorar, evoluir.

A prática regular desse tipo de autoavaliação e autorreflexão leva ao autoconhecimento e desenvolve a autoconfiança.

CAPÍTULO 2

AUTORREGULAR-SE

Vamos falar agora de outra importante competência – a **autorregulação**. Essa capacidade de controlar suas reações, seus comportamentos e atitudes durante situações críticas.

Essa competência beneficia a redução da raiva, do estresse e de outros sentimentos não saudáveis. E também pode favorecer o aumento da motivação, disciplina, coragem etc.

Preciso dar uma explicação básica e importante sobre sentimentos e comportamentos:

Uma coisa são nossos **sentimentos** e outra são nossos **comportamentos**. Podemos sentir qualquer coisa – somos seres humanos e todos os dias acontecem coisas e temos sentimentos. É difícil controlar o que sentimos – até porque todos os sentimentos são válidos, importantes – até aqueles desconfortáveis. Costumávamos classificar em sentimentos bons ou ruins – hoje temos clareza de que todos são importantes, necessários, normais e até esperados. Por exemplo, a dor de uma perda, um luto – gera uma tristeza danada e viver essa tristeza é fundamental para continuar vivendo com saúde emocional.

Agora, nem todo **comportamento** é socialmente aceitável! Você pode estar muito triste, mas isso não te dá o direito de sair batendo nas pessoas ou ser negligente com quem depende de você. Você pode estar com muita raiva de alguém, mas nem por isso vai dar um tiro nessa pessoa. Percebem? Sentimento é diferente de comportamento. Provavelmente você já sabia disso, mas acredite: muitos pais, mães e, portanto, filhos não fazem essa distinção e apenas *reagem* às emoções, comportando-se sem pensar nas consequências de suas ações.

Vou agora explicar a diferença entre sentimentos e emoções, usando uma definição do *Dicionário de Psicologia Larousse,* da Artmed:

> Sentimento é um estado afetivo complexo, é a combinação de elementos emotivos e imaginativos, mais ou menos clara, estável, que persiste em ausência de qualquer estímulo. As causas desse fenômeno, mais duradouro do que a emoção e menos violento do que a paixão, podem ser de ordem intelectual, moral ou afetiva.
>
> Emoção é uma reação global, intensa e breve do organismo a uma situação inesperada, acompanhada de um estado afetivo de tonalidade penosa ou agradável. [...]

> A emoção depende não apenas da natureza do agente emocional, mas sobretudo do indivíduo, de seu estado físico e mental atual, de sua personalidade, de sua história pessoal e de suas experiências anteriores. [...]
>
> De uma forma geral, ela se manifesta quando o sujeito é surpreendido ou quando a situação ultrapassa suas possibilidades.

Esses conceitos precisam ficar claros para você, educador parental, porque você vai ajudar na **alfabetização emocional** dos pais e mães que der cursos ou atender.

Por isso, recomendo ter uma lista de sentimentos em mãos para ajudá-los a nomear o que estão sentindo. A minha lista favorita eu encontrei no livro *Comunicação não violenta*, de Marshall Rosenberg.

A grande maioria de nós não aprendeu sobre isso na escola e somos ainda "analfabetos emocionais". Precisamos aprender os nomes dos sentimentos para podermos ensinar a outras pessoas, expandir nosso vocabulário emocional.

Veja, **autorregulação** é essencial para mães e pais porque os desafios na criação de filhos são tantos e, como somos humanos, é fácil "surtar", perder a cabeça com eles e ter atitudes das quais depois nos arrependemos!

Em seu livro *O cérebro que diz sim*, Daniel Siegel e Tina Payne Bryson apresentam o equilíbrio como uma "capacidade aprendida que cria estabilidade emocional e controle do corpo e do cérebro". Explicam que podemos ajudar a criança a se sentir calma e no controle de seu corpo e de suas decisões e ensinam estratégias para criar equilíbrio emocional (por exemplo, equilibrar a agenda familiar e oferecer tempo suficiente de sono). São muitos os estudos da neurociência que comprovam a importância da autorregulação para nós adultos e, consequentemente, as crianças e adolescentes. Para aprender mais sobre o cérebro da criança, do adolescente e como utilizar a conexão (sem drama), indico toda série de livros de Daniel Siegel.

Nós, educadores parentais, podemos ser um bom exemplo dessa autorregulação na própria interação com os pais. Pode dar vontade de reclamar com eles: "Mas eu já te ensinei a como lidar com essa situação!" ou até de perder a cabeça quando ouvir algumas histórias mais "cabeludas"...

Para desenvolver sua autorregulação e seu autocontrole, recomendo aquelas práticas já tradicionais e que funcionam:

- respirar profundamente;
- sair de cena para se acalmar e não se precipitar e reagir a uma situação;
- cuidar da saúde física e emocional com sono suficiente e alimentação adequada, por exemplo;
- distrair-se com alguma atividade ou *hobby* que você tenha – vale qualquer coisa que te faça bem e que seja respeitosa com todos: rezar, meditar, cozinhar, correr, dançar ou qualquer atividade física, cantar, arrumar gaveta, desenhar, colorir, pintar, tomar um banho quente e longo, automassagem...

Percebem como a autorregulação está intimamente relacionada ao **autocuidado**?

Quando estamos bem, conseguimos retomar nosso equilíbrio emocional com mais rapidez e facilidade.

Tudo isso podemos ensinar aos pais e mães em nossos cursos para que eles aprendam a cuidar de si mesmos a fim de que possam ter mais controle sobre suas ações e, assim, ser bons exemplos de autorregulação para seus filhos.

Exemplo pessoal: Adoro dormir pelo menos 7 horas todas as noites e comer bem e percebo que, quando isso não acontece, além das dores físicas no corpo, fico muito mais impaciente e menos produtiva e acabo descontando nas pessoas mais próximas. Infelizmente, minha filha pode comprovar esse fato... Já perceberam como geralmente mostramos nossa pior versão para as pessoas que mais amamos?

PERGUNTAS DE AUTORREFLEXÃO

1. **Você consegue refletir sobre/perceber com facilidade seus sentimentos, suas emoções? Identificar emoções à medida que você as vai experenciando?**
2. **O que te emociona? Quais são as causas, os gatilhos – as coisas ou pessoas que provocam emoções em você?**
3. **E quais são as reações, as manifestações fisiológicas das suas emoções?**

- O que acontece no seu corpo quando você fica com raiva, por exemplo?
- Você tem consciência sobre a sua linguagem corporal, expressão facial, gestos com as mãos, pernas e tronco?
- Você consegue perceber se o seu coração bate mais rápido?
- Você percebe algum ponto de tensão no seu corpo, nos seus músculos?
- Se sua respiração fica mais difícil, se sua boca fica seca ou a temperatura do seu corpo/seu rosto fica mais quente?
- Você começa a transpirar?

4. E como você reage quando sente determinada emoção ou sentimento?

Você chora? Paralisa? Foge? Quais são os **efeitos** das suas emoções?

Observe que todas essas perguntas podem ser feitas para os pais e mães nos seus cursos/atendimentos e eles podem fazê-las para seus filhos – cuidado só para não virar interrogatório!

CAPÍTULO 3

TER CONSCIÊNCIA SOCIAL E EMPATIA

Agora, vamos focar em como desenvolver a consciência social do Educador Parental.

Você provavelmente já tem importantes habilidades sociais desenvolvidas: você provavelmente gosta de gente. Se não, não estaria se propondo a trabalhar com mães e pais.

Você vai atuar com adultos (mães e pais), mas precisa também conhecer sobre os filhos, sejam eles bebês, crianças ou adolescentes. Será necessário respeitar a todos, tratando todos – pais e filhos – com igual valor. Pessoas com consciência social têm empatia, cuidado e respeito por todos, além de defenderem a diversidade e a inclusão.

Lembra que, como educadores parentais, eu disse que vai dar vontade de perder a paciência e o autocontrole e reclamar, surtar, brigar, julgar os pais e mães que te procuram? Talvez querer dizer alguma coisa assim: "Eu não acredito que você fez isso com seu filho! Você acha que essa é uma atitude responsável para um adulto?"

Então, essa habilidade do educador parental de saber orientar, oferecer alternativas e ajudar na compreensão das consequências das nossas atitudes é ter essa inteligência interpessoal bem desenvolvida.

Não basta você, educador parental, gostar de pessoas, gostar de crianças ou de adolescentes e, porque você quer o bem deles e sonha com um futuro melhor, resolver dar cursos para mães e pais...

É preciso de verdade se colocar no lugar desses pais e mães, compreender e demonstrar essa compreensão para eles. Demonstrar **empatia**. Vamos nos aprofundar nesse conceito.

Brené Brown divulgou em um vídeo curto nomeado "Empatia" a teoria de Theresa Wiseman, que estudou diferentes profissões e chegou em quatro qualidades necessárias para desenvolver a empatia:

- a habilidade de olhar para algo com a perspectiva da outra pessoa – aceitar a perspectiva, o ponto de vista do outro como verdadeiro;
- ausência de julgamento;
- reconhecer as emoções das outras pessoas;
- comunicar essas emoções.

Ela ainda define empatia como "sentir COM a pessoa". Na minha opinião, o que faz as pessoas se sentirem melhores é a conexão estabelecida. Isso me lembra uma das mais poderosas ferramentas da Disciplina Positiva: "conexão antes da correção" – que significa a importância de nos conectarmos *antes* de educarmos/ensinarmos algo.

As habilidades sociais são muito difíceis de serem desenvolvidas. É comum julgarmos os outros, deixar que as diferenças nos afastem, é difícil compreender o outro, a emoção do outro e ter a coragem de verbalizar, de demonstrar essa compreensão.

Adoro uma definição de *responsabilidade/interesse social* ou *senso de comunidade* de Alfred Adler:

> Olhar com os olhos do outro.
> Ouvir com os ouvidos do outro.
> Sentir com o coração do outro.

Para mim é a melhor definição de consciência social – apesar do autor não ter usado essa palavra.

É difícil ser empático e desenvolver essa "consciência social" porque somos todos muito diferentes. A história de cada um de nós, a percepção que temos do mundo e a dor que sentimos são diferentes. E temos a mania de achar que o outro tem que ser igual a nós, porque nosso jeito é o certo, o melhor; afinal, esse é o *meu* ponto de vista. É impossível agradar a todos.

É mais fácil ser empático com pessoas "parecidas", com valores, histórias, experiências similares aos seus. Iguais não existem. Pode ser que o outro seja do mesmo gênero que o seu, da mesma classe social, profissão, cidade, idade, família, religião, ainda assim serão pessoas diferentes... Mesmo gêmeos idênticos serão pessoas diferentes.

Por isso é um grande desafio gostar das pessoas e relacionar-se bem com todos – as pessoas são únicas.

Resumindo, ter verdadeira empatia é um grande desafio que exige um esforço contínuo e uma enorme vontade de entender o outro, de enxergar o outro, de aceitar o outro incondicionalmente. Trata-se de compreender a perspectiva do outro e preocupar-se em agir para melhorar as coisas nas experiências cotidianas. É um grande ato de amor, consciente e genuíno.

Demonstramos empatia nas interações sociais, através de um olhar empático, um sorriso empático, uma escuta empática e algum gesto – pode ser uma piscada, um abraço... uma frase verdadeira: "Eu imagino como você está se sentindo." E podemos exercitar a empatia por meio do diálogo, da resolução de conflitos, da cooperação, fazendo-nos respeitar e promovendo o respeito ao outro e aos direitos humanos.

Exercitamos a empatia com: acolhimento, escuta ativa, respeito e valorização da diversidade entre os indivíduos e grupos sociais, sem preconceito de qualquer natureza.

Para desenvolver nossa consciência social e nossas habilidades interpessoais, precisamos conviver com outras pessoas e exercitar essa compreensão do outro. A convivência social oportuniza o desenvolvimento da paciência com a diferença de ritmo e opinião do outro. Ao nos relacionarmos praticamos nossas habilidades de resolução de conflitos, mediação e comunicação (escuta e fala). Interpretamos as expressões faciais e a linguagem corporal de outras pessoas e muitas outras.

Vou dar um exemplo da atuação do educador parental. Chega essa mãe com um determinado desafio com o filho. O que você faz? Critica? Julga? Repreende? Isso desconectaria, afastaria. Se você quer se conectar com essa mãe para poder verdadeiramente ajudá-la, o primeiro passo é exercitar a empatia e, sem julgamento, ouvi-la, colocar-se no lugar dela para encorajá-la a refletir sobre os fatos e a buscar soluções eficazes e respeitosas para seus desafios.

Quando falo em ouvir essa mãe, estou falando em interpretar o que ela quer comunicar porque, às vezes, as palavras das pessoas não combinam com seu tom de voz, gestos ou expressão facial. Nós educadores parentais precisamos exercitar essa nossa "escuta empática" dos pais nos nossos cursos e atendimentos porque muitas vezes eles vão dizer: "Mas eu disse isso pro meu filho! Eu fui paciente! E a ferramenta que você me ensinou não funcionou!"

Mas talvez eles *não* tenham sido pacientes e talvez as crianças tenham descoberto essa inconsistência entre as palavras, o tom de voz e a atitude.

Aliás, as crianças são ótimas observadoras – capazes de ver e ler a mensagem por trás das palavras dos pais.

Enfim, muito do sucesso nos relacionamentos sociais – relações familiares, profissionais e amorosas – vem de uma sintonia, dessa capacidade de saber como o outro se sente. Assassinos e criminosos são exemplos de pessoas que não demonstram empatia ou compreensão – têm dificuldade para sentir a dor do outro.

Como educadores parentais, precisaremos também desenvolver outras importantes habilidades interpessoais, além da empatia:

- conseguir identificar as preocupações das outras pessoas;
- ter liderança;
- saber negociar soluções, mediar, resolver conflitos, fazer acordos...;
- saber comunicar-se etc.

Uma maneira eficaz de desenvolver sua empatia e a conexão com seu público é relembrar suas próprias experiências de vida – dificuldades e sucessos. O que você sentiu e o que aprendeu. Vou dar alguns exemplos de *como* a sua história de vida traz muita bagagem e informação útil para você refletir e criar empatia com seu público.

Exemplo pessoal 1: Eu fui professora na Educação Infantil por muitos anos – eu sabia como é difícil dividir a atenção com mais de uma criança pequena ao mesmo tempo. Esse conhecimento foi muito útil para eu compreender a exaustão de pais e mães com filhos pequenos, mesmo antes de ter me tornado madrasta e mãe.

Exemplo pessoal 2: Sempre trabalhei "fora" e, por muitos anos, fui a única pessoa da casa que também cuidava da comida, das compras; enfim, desse trabalho todo que é administrar uma casa. Quando eu ouvia de uma mãe como é difícil dar conta de tudo, ter uma dupla ou tripla jornada de trabalho, sempre foi fácil me identificar por saber como é ser mãe e acabar cuidando de tudo na casa, além de ter um emprego formal. É uma enorme sobrecarga para a grande maioria das mulheres, geralmente resultado de uma injusta divisão de tarefas.

Exemplo pessoal 3: Agora, um exemplo como filha – eu tive uma mãe muito brava, rígida, extremamente controladora. Eu não apanhava (como meus irmãos contam que apanharam), mas sentia medo e rapidamente aprendi a me calar, obedecer, ser "boazinha" e agradar os outros. Essa minha experiência foi importante para eu me identificar com meu público – infelizmente são muitos os pais ou mães que conhecem apenas essa forma de educar os filhos.

Enfim, educador parental, seja qual for a sua história de vida como filho(a), seja qual for a sua trajetória como adulto, pai/mãe, profissional, você pode e deve usar a sua experiência pessoal, resgatar os seus sentimentos, pensamentos e memórias para poder se conectar, compreender e demonstrar empatia com o seu público.

Quero te convidar a refletir sobre como está sua empatia.

PERGUNTAS DE AUTORREFLEXÃO

Para checar se você tem exercitado a empatia e habilidades sociais, responda:

1. **Você consegue identificar as emoções dos outros e demonstrar essa compreensão?**
2. **Você *diminui* o desafio do outro contando algo que aconteceu com você que foi muito pior?**
3. **Você acha que está pronto para acolher as mães e pais que vierem ao seu encontro?**
4. **Que experiência de vida pode contribuir para você compreender melhor o seu público?**
5. **Como você pode demonstrar essa compreensão e empatia com pais e mães?**

CAPÍTULO 4

CONHECER BEM O SEU PÚBLICO

Por que isso é importante? Para poder entregar o que seu público *precisa*.

Atenção: eu disse o que o público *precisa*, não disse o que seu público *quer*!

Muitos pais e mães que procuram um curso sobre criação de filhos ou uma orientação para lidar com algum comportamento desafiador dos filhos *precisam* de orientação, conhecimento embasado em pesquisas e teorias sólidas, além de sugestões práticas, exemplos reais de quem já testou e funcionou. Mas o que eles *querem*, na verdade, é uma receita mágica, uma solução infalível, um truque, uma técnica, um método – qualquer coisa que funcione e elimine aquele problema de uma vez por todas. Algo que funcione sempre e faça que seus filhos os obedeçam, que se comportem direito.

Raros são os pais que vão admitir isso ou que vão usar essas palavras, mas é com essa crença equivocada, buscando essa luz no fim do túnel, que muitos nos procuram.

Algo não está indo como eles planejaram e eles costumam dizer que o problema está nos filhos, é lógico. Ou nos outros adultos: "O outro é que é muito mole e deixa as crianças folgadas, mimadas, fazerem o que quiserem..." ou "O outro é muito rígido, autoritário, coitadas das crianças!"

Ou ainda que os outros estão errados e não seu filho. Muito menos vão admitir que eles é que estão errados, como pais. Vale lembrar que o que é errado para uma pessoa pode não ser para outra; afinal, tendemos a enxergar os fatos com as lentes das nossas crenças.

Por isso, conhecer o seu público significa ir além de ouvir os sentimentos e os desafios que esses pais e mães irão te relatar; significa estar pronto para ler e interpretar essa pessoa. Na maioria das vezes, essa pessoa nem se conhece direito. A importância de conhecê-los é para poder ajudar esses pais ou mães nesse processo de autoconhecimento.

Conhecer-se como pai ou mãe – qual é seu estilo parental, quais são suas escolhas para educar seus filhos e quais são as consequências dessas escolhas no futuro – é assunto básico de qualquer boa formação para pais (e, portanto, para educadores parentais).

É também preciso conhecer bem seu público para poder ensinar para esse pai ou mãe a importância do **autocuidado**.

Saber cuidar de si mesmo, para conseguir ter **autocontrole**. Quantos pais e mães não estão conseguindo ser sua melhor versão simplesmente porque estão exaustos? Sobrecarregados? Sobre as mães, em especial, como já mencionei, ainda existe uma cobrança culturalmente arraigada de que quase todas as responsabilidades sobre a criação dos filhos e afazeres domésticos é delas. Para a mulher que tem emprego formal isso torna-se uma sobrecarga pesada demais. Por esse motivo, a exaustão é uma das maiores queixas dos pais e das mães hoje e daí a necessidade de ensinar sobre a importância do autocuidado a eles.

Conhecer seu público o ajudará a conduzir as reflexões sobre os inúmeros desafios na criação dos filhos, para depois poder oferecer alternativas e compartilhar experiências que façam sentido para aquela necessidade.

É preciso conversar com seu público para *alinhar* sobre o que esse pai ou mãe espera do curso ou das sessões com você, educador parental. Compreender quais são suas expectativas – o que eles esperam aprender, resolver. Procure saber exatamente o que os pais esperam da sua atuação para alinhar essas expectativas e poder cumprir o que você se propuser a fazer.

Nós educadores parentais precisamos conhecer bem nosso público para poder dar a difícil notícia para esse pai ou mãe de que os filhos deles provavelmente *não* são o problema. Nem a sogra ou mulher ou marido, ou cunhada, ou chefe, ou babá, nem ele ou ela próprio. Ninguém é *o* problema. O problema ou situação desafiadora que eles estão vivendo é *só* uma situação difícil de lidar e resolver. Se você é adulto, já deu tempo de perceber que a vida não é fácil e que as coisas nem sempre acontecem como achamos que aconteceriam, aliás quase nunca, né?...

A má notícia é que não temos a capacidade de mudar ninguém nem nada.

Só temos condições de mudarmos a nós mesmos.

E olha que mesmo querendo mudar nossas atitudes, nem sempre conseguimos, imagina querer mudar os outros! Mas podemos aprender a lidar com as pessoas, com os outros, lembra? Aprender a ter empatia e não julgar, nem reclamar, ou culpar, brigar – porque isso não vai mudar ninguém e pode até piorar o problema em questão.

Você, educador parental, é quem vai dar a boa notícia de que todos os problemas são uma verdadeira *oportunidade* de mudança e crescimento. Aquele problemão que o pai te contou é mesmo um grande desafio para ele. Você entende o que essa pessoa está passando e acredita na capacidade desse adulto de fazer diferente, melhor e de conseguir ter um relacionamento saudável com os filhos.

Isso é possível: ter um relacionamento mais respeitoso, harmonioso, empático e saudável.

Agora precisará dar a outra má notícia para o pai/mãe: avisar que continuar fazendo as mesmas coisas de sempre só vai levar essa pessoa a continuar tendo os mesmos resultados de sempre. Portanto, se a pessoa quer resultados diferentes, precisa fazer diferente. Se quer resultados melhores, precisa se esforçar mais, aprender a fazer melhor.

As frases que eu mais ouço dos pais e mães trazem uma mensagem oculta, de que muitas vezes eles próprios não têm consciência.

Quando eles dizem: "Eu já falei um milhão de vezes" querem dizer: "Eu não aguento mais falar, eu sei que não está funcionando, mas o que mais eu posso fazer?"

Quando eles dizem: "Eu já tentei de tudo", é verdade. Acredite! Eles querem dizer que já tentaram tudo o que sabiam fazer e que estão sem mais ideias porque parece que nada funciona... Então, cabe a você mostrar que existem outras alternativas.

Quando eles dizem: "O problema não sou *eu*. Eu fiz exatamente o que fizeram comigo porque olha pra mim – deu certo: sou um adulto responsável. Não sei por que não funciona com meu filho!" querem dizer que o problema não foi a educação que receberam; afinal, eles se tornaram pessoas responsáveis, então o problema deve estar com os filhos! O problema não está com eles – eles não são um problema – já aquele filho ou filha...

Quando eles dizem: "Meu filho não me ouve" querem dizer: "Meu filho não me obedece". Não pega bem hoje em dia dizer que queremos filhos obedientes porque, afinal, também queremos filhos críticos, decididos, empreendedores, corajosos, que tenham opinião própria e que não sejam maria-vai-com-as-outras.

"Mas a mim, que sou a mãe, meu filho tem que obedecer sim e sem reclamar!"

Isso é no mínimo incoerente porque muitos adultos não dão a oportunidade de as crianças expressarem sua opinião, argumentarem e depois querem que elas sejam pessoas independentes, autônomas e criativas.

Quando eles dizem "Isso não funciona!" querem dizer "Não funcionou comigo quando eu tentei, então o problema é essa estratégia – ela é que não funciona, não sou eu que não soube utilizar!" Se as estratégias que ensinamos aos pais forem utilizadas como técnicas, truque de mágica, não vão funcionar mesmo!

E é aí que você, educador parental, entra. Você pode ajudar seu público, os pais e mães que atender a entenderem a importância da consciência e respeito por trás das palavras e atitudes. Para isso precisa conhecer seu público – "entrar na cabeça" de uma mãe ou de um pai para entender os problemas pelos quais eles passam, demonstrar uma verdadeira compreensão, empatia, interesse e vontade de ajudar. Senão, você não vai conseguir se relacionar e orientar esses pais e mães que te procuram.

Repito que o que eles *querem* nem sempre é o que eles *precisam*. Eles *querem* soluções rápidas, fáceis e eficazes. Você descobre que eles *precisam* de compreensão, empatia, conhecimento e alternativas para os métodos que estão usando e não estão funcionando. Eles *precisam* de oportunidade de autorreflexão, encorajamento, apoio, do seu exemplo de equilíbrio emocional e sabedoria.

Talvez você esteja pensando: "E se eu for um educador parental que não tem filhos?

Como vou saber o que se passa na cabeça de um pai ou mãe?"

Esse é um dos mitos acerca da área de Educação parental.

Na minha opinião, você que não tem essa experiência como pai/mãe, tem certamente como filho/filha. E vai precisar observar, refletir, estudar, pesquisar, interagir, ouvir mães e pais contando o que pensam e sentem para compreender quais são suas queixas, dores e dificuldades. Se você já passou por experiências específicas com crianças ou adolescentes – sejam seus irmãos mais novos, sobrinhos, alunos, pacientes – será muito útil!

Talvez você que não tem filhos esteja se perguntando: "Preciso então ler todos os livros sobre parentalidade que cruzarem meu caminho?" Pode ajudar, mas isso é impossível, né? Deixo no final deste livro, uma relação com alguns livros sobre parentalidade em português. Minha sugestão para você é escolher um assunto sobre o qual queira se debruçar e estudar mais profundamente e focar nele.

Sei de profissionais que, para conhecer seu público, elaboram uma ficha detalhada para essa mãe ou pai preencherem, contando desde como foi a gestação, o parto, quando a criança começou a andar etc. Eu nunca fiz isso. Seria fundamental para um caso de intervenção médica, mas educadores parentais não precisam fazer isso.

É lógico que alguns dados da história dessa família podem ajudar nesse relacionamento com os pais, mas cuidado para não parecer que você está ali para avaliá-los, julgar e dar um veredito. Não é esse o seu papel. Não fazemos diagnósticos. E ninguém procura ajuda para se sentir avaliado, julgado. Você não é o juiz, o árbitro que vai decidir quem é o culpado por aquela situação desafiadora que a família está vivendo. O erro, a culpa e a vergonha não são o seu objetivo como educador parental.

Vou contar como eu conheço meu público: eu *pergunto* quais são os desafios que estão vivendo em casa com os filhos e o que esperam dos nossos encontros. Ao ouvir as queixas e os exemplos deles, consigo compreender um pouco melhor aquela dinâmica familiar. Não para julgar, mas para ser empática e criar uma conexão. Eu conheço meu público *ouvindo*, interagindo, conversando, demonstrando empatia – aprendendo a me colocar no lugar deles nessa situação. E ensino os pais a se colocarem também no lugar dos filhos. O segredo dessa conexão é conseguir compreender o ponto de vista deles – aí eles se abrem para novos conhecimentos. Não vai conseguir conhecer seu público quem se coloca em um pedestal e quer ser o especialista com a única resposta certa.

Aliás, a sua história pessoal vai ajudar a *definir* o seu público-alvo porque, dependendo da sua história pessoal, da sua formação técnica e experiência profissional, será mais fácil você se identificar com esse ou aquele público específico – para poder acolher e ajudar aquele pai ou mãe. Será mais fácil ser empático com quem você se identifica de alguma maneira. Isso não significa que não dá para atender um público muito diferente da sua realidade. Essa não seria uma atitude profissional. Só que atuar com um público cuja realidade você não conhece bem vai exigir mais dedicação e esforço da sua parte.

Exemplo pessoal: Quando comecei a dar aula eu tinha uma aluna particular que era adolescente – fácil, eu também era. Eu tinha uns 16 anos e ela uns 12. Naquele mesmo ano, assumi uma turma de 1ª série (atual 2º ano) – crianças com 6 anos. Aí foi mais difícil porque eu não tinha irmãos mais novos e pouco convivia com crianças. Eu até tinha estudado sobre desenvolvimento infantil no curso de Magistério, que ainda estava cursando, mas eu era só uma estagiária que pediram para assumir uma turma de uma professora que pediu demissão. Sabe o que eu fiz para conhecer meus alunos e entender o que se passava na cabecinha deles? Comecei a assistir os desenhos animados e programas de televisão dos quais meus alunos mais gostavam. Eu já nem curtia mais esses desenhos – afinal, era uma típica adolescente –, mas fazer aquilo nos conectava e eu compreendia melhor os meus alunos. Trazia exemplos dos desenhos e programas que eles gostavam para as aulas e eles amavam.

Tive essa ideia porque eu me lembrei da minha professora de 3ª série (uma das minhas favoritas) – ela sempre usava os nomes dos alunos nos problemas de matemática e nas frases da aula de português. Ela nos conhecia e usava exemplos reais nas aulas! Passei a fazer igual.

Estou contando tudo isso para dizer que eu ainda não tinha experiência como professora; não era mãe, nem professora formada, nem adulta eu era, mas corri atrás de exemplos que eu tinha, vasculhei a minha memória, mergulhei no mundo dos meus alunos e consegui conhecê-los melhor e me conectar com eles, foi ótimo!

Resumindo, você, como educador parental, pode utilizar um questionário para conhecer seu público, mas nada substitui uma conversa empática, com boas perguntas, escutar ativamente o que eles têm a dizer e fazer o seu melhor para entrar no mundo deles. Isso será essencial para você definir e planejar todo o seu curso: os conteúdos, as estratégias, os materiais, até a duração, o formato e o que poderá cobrar!

Conhecer seu público é uma competência essencial para você estabelecer uma conexão com os pais e as mães que vier a dar cursos ou fazer atendimentos.

PERGUNTAS DE AUTORREFLEXÃO

1. **Que tipo de perguntas eu posso incluir em uma ficha de inscrição de um curso que vou dar para conhecer melhor o público?**
2. **Que tipo de perguntas eu posso fazer no primeiro dia de um curso ou no primeiro dia de um atendimento individual – para conhecer melhor meu público?**
3. **Que exemplos de educadores, adultos, profissionais eu tive na minha vida que demonstraram que me compreendiam e me conheciam? Como eu me sentia? O que eles faziam?**
4. **Por que o primeiro passo, antes até de começar a planejar um curso, é definir e conhecer seu público?**

CAPÍTULO 5

SER CURIOSO E GOSTAR DE APRENDER

São muitos os desafios que pais e mães enfrentam no dia a dia com seus filhos, e há diversos assuntos que educadores parentais precisam conhecer sobre criação e educação de crianças e adolescentes. Por esse motivo, você, educador parental, precisa gostar muito de estudar e aprender e precisa ter curiosidade para buscar novos conhecimentos e conteúdos que sejam realmente úteis para mães e pais.

Curiosidade é ter um verdadeiro interesse, é querer saber mais sobre algo. Uma pessoa curiosa tem olhos que brilham, é uma pessoa aberta, que enxerga beleza e satisfação nas tarefas cotidianas.

Por exemplo, como educadores parentais fazemos perguntas. Queremos saber quem são aqueles pais e mães. Queremos saber quais são seus desafios e como são as relações familiares. Se sabemos *demonstrar* essa curiosidade, esse interesse genuíno, eles já se sentem acolhidos, escutados e compreendidos. E, ao responderem nossas perguntas, estimulamos a reflexão e o autoconhecimento nos pais.

É preciso uma postura curiosa para conhecermos nosso público e, se mantemos essa postura curiosa, também encaramos nosso trabalho com muito mais prazer porque significa que vamos estudar com verdadeiro interesse o assunto dos cursos que vamos dar.

Educadores parentais curiosos sobre os assuntos da parentalidade querem sempre saber mais e não fazem os cursos pelos certificados. Fazem cursos pelo conhecimento que trazem e pelas reflexões que proporcionam. Essa postura de curiosidade é o que nos leva a ler mais um livro, participar de mais um congresso, interagir com as pessoas porque gostamos de ouvir suas histórias e queremos ajudar a buscar soluções para seus problemas.

Quando temos essa postura curiosa, conseguimos focar nossa atenção e observar os detalhes: o que está acontecendo naquele momento com aquela mãe com quem estamos interagindo, conseguimos realmente nos conectar porque estamos interessados de verdade.

Queremos saber dos pais o que aconteceu desde a última vez que estivemos juntos: "Como estão as coisas? Aquele filho teve outro comportamento diferente? E você – mãe ou pai –

conseguiu não reagir? Conseguiu ter autocontrole e utilizar alguma estratégia diferente?"

É muito mais fácil criar vínculos e manter relacionamentos significativos quando demonstramos uma atitude de abertura e de interesse genuíno. Todo mundo gosta de estar com pessoas que demonstram interesse no que temos a dizer, curiosidade pelo que acontece nas nossas vidas.

Profissionais curiosos podem demonstrar esse interesse de diversas maneiras:

- fazer perguntas e depois praticar a escuta ativa;
- utilizar toda uma linguagem corporal que demonstra esse interesse e curiosidade, como inclinar-se na direção do falante com um olhar curioso;
- manter as interações e as conversas interessantes, envolventes, agradáveis ao dar espaço para que outros contribuam e interajam;
- interessar-se pelo novo; dessa maneira, costumam ser surpreendentes porque gostam de se arriscar e aprender novas habilidades.

Se você tem curiosidade para saber mais sobre criação de filhos e relacionamentos familiares, provavelmente encontrou seu propósito na vida. Porque são nossos interesses e paixões que trazem alegria na nossa existência. Poder trabalhar com um assunto no qual você não se cansa de se aprofundar é um privilégio e um dos segredos da Felicidade. É uma dica de que você achou sua missão.

O interessante é que quanto mais estudamos sobre um assunto pelo qual somos apaixonados, mais aprendemos a respeito e mais importante e significativo esse assunto se torna para nós.

Sei que muitas pessoas resolveram tornar-se educadores parentais porque já vinham se debruçando nos estudos sobre parentalidade há tempos. Adoram o tema e se encontraram nessa área. De tão curiosos e apaixonados que são por esses temas, querem compartilhar essa paixão com outras pessoas, querem ajudar outros pais e mães da mesma forma que se sentiram ajudados quando conheceram determinado assunto, quando "a ficha caiu". Foi isso que aconteceu com você?

Repare que quanto mais tempo e energia dedicados, mais livros você lê, mais cursos você faz e mais você quer fazer. Quanto mais curiosidade e esforço investido em uma área, mais atraente e importante ela se torna para nós.

Quanto maior a profundidade do nosso mergulho, mais oportunidades criamos para vivenciar coisas que nos inspiram. É a alegria de gostar do que se faz. Ficamos ainda mais curiosos, aprendemos muito e gostamos ainda mais.

E como desenvolver essa postura de abertura e curiosidade?

Procure se lembrar como é ser uma criança curiosa. Reviva essa postura de curiosidade várias vezes ao dia, não só enquanto estiver dando um curso ou atendendo uma mãe ou pai. Você pode começar a desenvolver sua curiosidade por coisas do seu dia a dia.

Nas tarefas do cotidiano, podemos fazer as coisas com mais calma, mais atenção e consciência. Observando com curiosidade as coisas que acontecem – as pequenas mudanças ao nosso redor.

> **Exemplo pessoal:** Depois que eu estudei a importância de convivermos com plantas, árvores e outros elementos da Natureza para nossa saúde física, emocional e mental, passei a ter uma atitude muito mais curiosa em relação às estações do ano e passei a observar com muito mais atenção o amarelar das árvores no outono, o cair das folhas, o nascer dos brotos e o crescer das mudas, flores e frutos. Isso me despertou para a importância da conexão das famílias com a Natureza e foi o principal motivo para ter escrito dois livros infantis *Natureza fora da caixinha* sobre isso.

Dedicar tempo, foco e calma é uma atitude de curiosidade – característica fundamental para pesquisadores, cientistas e estudiosos e, portanto, também para nós, educadores parentais.

Praticar é o que vai aumentar nossa capacidade de sermos curiosos e querermos aprender mais sobre assuntos da parentalidade.

Nas interações sociais, podemos demonstrar nosso interesse pelas outras pessoas. Quando estiver com uma mãe, um pai ou qualquer outra pessoa do seu relacionamento, faça um esforço para direcionar sua atenção exclusiva para essa pessoa, demonstre sua curiosidade, suspenda o julgamento, torne-se um explorador – alguém disposto a compreender o problema e a buscar soluções juntos.

Em cursos ou atendimentos de pais, procure perguntar antes de apresentar algo.

Pergunte: "E como você acha que pode resolver esse problema?" ou "Que estratégias você usou outras vezes que te trouxeram melhores resultados?" ou ainda "Por que você acha que a estratégia que você usou não deu certo?"

Uma outra atitude típica de uma pessoa curiosa é assumir seu próprio desconhecimento e vulnerabilidade. Falar "Eu não sei" não é um problema para as pessoas curiosas porque logo depois vem um "Me ensina?" ou "Onde posso aprender mais sobre isso?"

Pessoas curiosas são pessoas abertas, que procuram não antecipar, rotular e julgar. Aceitam outras perspectivas e opiniões porque sabem que nossa maneira de enxergar o mundo é apenas uma maneira. Existem muitas outras.

Como educadores parentais, não basta estudarmos um conteúdo e *transmitirmos* esse conteúdo. Além de buscar informação em uma fonte confiável, é preciso pesquisar, estudar e aprender conteúdos importantes, além de *viver* aquilo que estudamos. A coerência e a integridade das quais já falamos.

Já sabemos que não se ensina a resolver problemas *falando* sobre a importância de se resolver problemas. Aprendemos habilidades praticando. Aprendemos a resolver problemas, resolvendo.

Aprendemos mais sobre criação de filhos pesquisando, estudando e colocando esses conhecimentos na prática. Aprendemos sobre nosso público com essa mesma postura de abertura, de curiosidade.

Pais e mães precisam saber que você compreende o que eles sentem e eles querem aprender estratégias reais que, de preferência, você já testou. Ferramentas que você já utilizou. Ouvir suas histórias de sucesso e aprender com suas histórias de fracasso.

Imagine uma relação entre educadores parentais e pais e mães sem curiosidade. Seria um tédio. Nós, educadores parentais, precisamos manter a chama do interesse, da curiosidade acesa por vários motivos:

- essa habilidade é conteúdo de aula – as crianças serão curiosas e criativas se viverem em lares em que elas têm espaço e oportunidades de desenvolver essas habilidades;
- os pais aprenderão a desenvolver essa postura curiosa com nosso exemplo – ao modelarmos curiosidade e interesse fazendo perguntas poderosas, usando uma escuta ativa e empática e ajudando com reflexões que contribuem para o desenvolvimento de ferramentas parentais;
- e porque a vida é muito mais divertida se adotamos essa postura.

PERGUNTAS DE AUTORREFLEXÃO

1. **Por quais assuntos da parentalidade você tem mais curiosidade? Liste vários e escolha um.**
2. **O que você vai fazer hoje para conhecer um pouco mais sobre esse assunto? Onde, como e com quem vai pesquisar?**
3. **E depois: com quem você vai compartilhar as descobertas da sua pesquisa?**

Atenção: É importante definir uma ação concreta agora, por escrito. Não deixe para depois. Vai lá – aproveita sua curiosidade e se joga! É divertido aprender.

CAPÍTULO 6

SER CRIATIVO E SABER RESOLVER PROBLEMAS

Você talvez esteja se perguntando: por que ser criativo é importante para um educador parental?

Vou elencar vários motivos, mas antes quero dar uma informação importante: segundo o Fórum Econômico Mundial, no seu relatório "The future of Jobs report" – um relatório anual sobre o futuro e as tendências do trabalho –, a criatividade é uma das competências fundamentais para ter sucesso no mundo do trabalho.

A lista das competências essenciais inclui: pensamento analítico, aprendizagem ativa, capacidade de resolver problemas complexos, pensamento crítico e criatividade.

Eu não sei se você sabe, mas o Fórum Econômico Mundial indica que as três principais habilidades requeridas pelas empresas de seus profissionais aqui no Brasil são: aprendizagem ativa, pensamento analítico e criatividade.

Então, ser criativo é uma necessidade. Não se prospera sem criatividade.

Se observarmos as empresas que mais se destacaram no mundo nos últimos anos, foram as que trouxeram soluções criativas para os velhos problemas: Uber, Airbnb e as empresas de *delivery* de comida. Por trás dessas empresas inovadoras, existem pessoas criativas – profissionais que ousaram fazer diferente.

E, caso você esteja pensando: "Ih! Não sou nada criativo!", eu trouxe uma boa notícia: criatividade é uma habilidade; portanto, podemos desenvolvê-la. Não é uma sorte ou "dom" de nascer criativo ou não.

Vou elencar alguns motivos do porquê um educador parental precisa ser criativo:

1. Um educador parental vai lidar com desafios, queixas, reclamações e dores dos pais e mães. Vai precisar de muita criatividade para ajudá-los a *buscar estratégias e soluções* para lidar com esses problemas.
2. O mundo está mudando e não sabemos quais serão as profissões ou os problemas do futuro. Sabemos que precisamos preparar as crianças e jovens para esse mundo desconhecido com problemas e necessidades que também desconhecemos. Nossa sobrevivência depende da criatividade deles para resolver esses problemas. E a me-

lhor forma de prepará-los é ensinando-os a desenvolver um pensamento criativo – a saber *inovar*. Essa é uma habilidade essencial para pais e mães e, portanto, para educadores parentais.

3. Você vai precisar de criatividade para *planejar* seu curso para os pais – desde o nome até a escolha de formato, materiais e estratégias. Oferecer um curso criativo vai manter o interesse dos participantes e facilitar o processo de aprendizagem.

Vou dar um exemplo: um bom professor não dá o peixe, ensina a pescar. Um bom educador parental não dá as respostas – ensina o pai e a mãe a *como* e *onde* buscar essas respostas porque os problemas na criação dos filhos amanhã poderão ser diferentes dos de hoje.

Só que eles, pais e mães, vêm para nossos cursos ou atendimentos atrás das respostas – e se você não der nenhuma resposta, eles sairão frustrados ou decepcionados, pois têm um problema real para ser resolvido.

Aí é que entra a importância da sua criatividade – você vai ajudar esse pai ou mãe a ser criativo também!

Eles precisarão ouvir inúmeros exemplos de soluções criativas para lidar com os muitos desafios da criação de filhos a fim de poderem praticar essa habilidade de buscar soluções criativas sem a sua ajuda. Portanto, além de criativo, você precisa *conhecer* assuntos da parentalidade – e estudar desenvolve a criatividade. Percebe? A gente ensina pelo exemplo o tempo todo também, assim como os pais ensinam seus filhos pelo exemplo, mais do que pelas palavras.

Você dá um curso recheado de soluções criativas para lidar com o mau comportamento das crianças. A mãe do seu curso pensa em outras novas soluções e utiliza com seus filhos. Essas crianças passam a conviver com adultos criativos e que sabem usar da sua criatividade para resolver problemas. São crianças que estão em um ambiente criativo e, portanto, são estimuladas a utilizar essa habilidade elas mesmas.

Outro exemplo: todo educador precisa preparar uma aula. Um bom educador sabe apresentar um conceito de um jeito diferente – usa histórias, exemplos reais, faz dinâmicas, discussões, dramatizações, cria interação, indica filmes e livros, faz perguntas, encoraja a reflexão... enfim, usa de uma variedade de recursos didáticos. Usa da sua criatividade para que aquela aula seja agradável, leve e eficaz.

4. Você, educador parental, vai precisar ser criativo para *divulgar* seu trabalho/curso. Afinal, por que alguém vai preferir o seu curso e não o de outra pessoa? Qual é seu diferencial? Essa nossa profissão ainda é pouco conhecida pelo grande público, por isso precisamos inovar na forma de divulgar e de vender nosso trabalho para chegar no maior número possível de pais e mães. Aprendi uma frase durante a pandemia que amei: "Em toda crise, uns choram e outros vendem lenços!"

Infelizmente, em muitos lugares, em especial, escolas e empresas, pensar e agir de uma maneira diferente pode levar ao *bullying*, ao preconceito ou até à demissão. Porque ser criativo é pensar "fora da caixinha": é inovar, reinventar-se e isso, em alguns contextos, ainda é motivo de críticas.

Por isso, ainda em muitas salas de aula e empresas, ter uma ideia ou atitude diferente pode gerar, no mínimo, uma resistência a essa pessoa. Muitas pessoas têm vergonha de ter uma ideia original: "O que os outros vão pensar? Nunca ninguém fez isso desse jeito!" Pois é. Assim que surgiram as grandes invenções: pessoas criativas ousaram arriscar-se e inventaram algo novo, diferente.

Se queremos um mundo melhor, com menos problemas e mais soluções criativas, precisamos ajudar *hoje* as crianças e adolescentes a desenvolverem essa habilidade.

E quem vai ajudar as crianças e adolescentes a serem mais criativos são seus pais e professores. Muitas escolas dizem fazer isso, mas ainda não fazem e pais talvez nem saibam por onde começar. Nós, educadores parentais, podemos ser criativos nas nossas interações com os pais e nos exemplos que damos. Os pais, por sua vez, passam a ser mais criativos para que possam também ensinar seus filhos através do exemplo. Só assim as crianças estarão cercadas de pessoas criativas e terão oportunidade de exercitarem sua criatividade para realmente aprenderem a resolver problemas.

É verdade que ainda existem pessoas, inclusive pais e mães, que acham que uma pessoa já nasce criativa ou não. Mas essas são as mesmas pessoas que acham que já se nasce inteligente ou não. Essa crença equivocada já foi refutada pelas pesquisas do cérebro. É nosso papel como pais e mães e como professores ajudar crianças a desenvolverem essa necessária habilidade, a de serem criativos.

Ah! Tem pais que acham que para desenvolver a criatividade no filho é preciso inscrevê-lo em um bom curso de artes. As artes ajudam sim – e muito –, mas achar que essa é a única maneira de desenvolver isso é muita falta de criatividade, né?

Eu não sei vocês, mas eu sou da opinião de que todos nós nascemos com um potencial para todas essas importantes habilidades – e criar é uma delas.

Exemplo pessoal: Como professora de Educação Infantil por muitos anos, pude me deparar com soluções de crianças absolutamente criativas – ideias incríveis para resolver problemas. É só dar espaço e oportunidade para elas pensarem e opinarem. Também percebi o quanto nós adultos podemos podar essa criatividade ao ensinar as crianças a fazer tudo igual: "Olha, criançada, árvore se desenha assim. E casa se desenha assim..." Uma falta de criatividade!

Eu fui de uma geração na qual o conhecimento que era valorizado era o conhecimento enciclopédico: saber coisas, fatos, datas, nomes, era o que diferenciava as pessoas. As pessoas consideradas inteligentes eram as que sabiam essas coisas, geralmente as que tinham algum diploma. Era essa a maior possibilidade de ascensão social.

É lógico que todo conhecimento é muito importante, mas, em tempos de inteligência artificial, você pode pesquisar com um clique e conseguir informação sobre qualquer assunto. O mundo mudou. Por esse motivo, o papel da escola e da família também mudou. Precisamos ensinar para as crianças hoje muito mais do que fatos e conceitos.

Precisamos ensiná-las a saber usar com sabedoria e criatividade todo esse conhecimento.

Se ficarmos só preocupados em ensinar conteúdos acadêmicos – fatos e conceitos –, coitadas das crianças do futuro e coitados de nós – será que teremos um futuro?

O mundo já mudou, nossos problemas estão mudando – a educação e as pessoas precisam mudar também a fim de sabermos encontrar soluções para problemas que sequer conseguimos imaginar quais serão!

Afinal, como podemos desenvolver essa importante habilidade, como educadores parentais ou como mães e pais?

Simples: praticando, praticando, praticando. Só tem um jeito de desenvolver a criatividade, é *usando* a criatividade – praticando essa habilidade. Isso, aliás, vale para todas as outras habilidades – para desenvolver um músculo, precisamos utilizá-lo, porque, se não usamos, ele atrofia.

É importante testar jeitos diferentes do usual para resolver os mesmos problemas. E motivar as pessoas ao seu redor a fazerem coisas diferentes também. Você não precisa gastar dinheiro para desenvolver sua criatividade. Seguem algumas dicas simples:

- escovar os dentes com outra mão;
- fazer um trajeto diferente para chegar em um lugar que você está acostumado a ir sempre pelo mesmo trajeto;
- jogar xadrez ou jogos que estimulam o raciocínio;
- fazer palavras cruzadas;
- aprender uma nova habilidade qualquer – outra língua, a tocar um instrumento musical, a praticar um esporte, um novo *hobby*.

São ideias que funcionam porque se nós sempre fazemos as coisas do mesmo jeito, continuaremos a ter os mesmos resultados.

Por isso eu expliquei anteriormente que, quando pais e mães falam: "Eu já tentei de tudo e não funcionou com meu filho!" é verdade! Eles já tentaram de tudo o que conhecem e que sabem fazer. Querem e precisam aprender um outro jeito de lidar com aquele mesmo problema ou situação.

Para desenvolver nossa criatividade, precisamos lembrar de olhar para os erros com mais compreensão e sabedoria. Se você está errando é porque está tentando fazer algo e se errou é porque *ainda* não conseguiu. Criatividade está ligada a coragem de tentar algo diferente. Mas vou falar sobre coragem mais para a frente.

Que tal agora exercitar um pouco os músculos da criatividade?

PERGUNTAS DE AUTORREFLEXÃO

1. **Quais coisas do seu dia a dia você pode fazer diferente (outros trajetos, alimentos, atividades...)?**

   Deixe espaço livre para voltar nessa lista sempre que tiver outra ideia original. Crie o hábito de consultar essa lista quando "faltar criatividade".

2. **Quais são algumas possíveis soluções para um problema qualquer seu atual?**

   Liste alternativas variadas antes de tomar decisões – isso provavelmente ajudará a resolver seu problema. Não está conseguindo achar soluções? Vale pedir ajuda nesse exercício de levantamento de ideias: sente-se com outras pessoas que possam te ajudar a pensar em novas estratégias. De preferência, não só pessoas amigas e próximas, mas pessoas diversas que tenham diferentes perspectivas e conhecimentos.

3. **Como educador parental, quais são alternativas criativas para divulgar seu trabalho? (para quem, quando, onde, como...)**

   Essa estratégia simples de levantamento criativo de ideias, sem julgamento, pode ser utilizada por todo mundo: filhos, pais, profissionais e por você, educador parental.

   É um jeito mais sábio e prudente de tomar decisões para que você não se arrependa depois.

   Escreva seu problema e possíveis soluções e deixe espaço para escrever depois o que outras pessoas sugerirem também.

É no processo criativo e na geração de ideias que os problemas e os conflitos são resolvidos. E, quando podemos envolver outras pessoas nessa busca por soluções criativas, todos ganham porque isso enriquece a variedade de olhares e percepções e ainda desenvolve a criatividade!

CAPÍTULO 7

SER CORAJOSO

Já falamos sobre curiosidade e criatividade e é preciso muita coragem para ser curioso e criativo. É preciso também ter muita coragem para ser pai ou mãe ou responsável pela criação e educação de crianças e adolescentes. E obviamente para ser educador parental em uma sociedade que ainda desconhece essa profissão.

Coragem é a capacidade de agir apesar do medo e da intimidação. Veja, não é a falta do medo – é a ação apesar do medo. A definição do dicionário é "firmeza de espírito para enfrentar situação emocional ou moralmente difícil". É sinônimo de bravura. É a habilidade de, ao cair, levantar-se rapidamente.

Por isso, há também quem associe coragem a ser resiliente, ser capaz de superar obstáculos, "dar a volta por cima", reinventar-se, de agir e não paralisar. Recuperar-se das adversidades.

Eu adoro falar da origem dessa palavra e habilidade tão importante: coragem vem do latim *cor, cordis*, "coração". Então coragem seria inicialmente "agir com o coração".

É preciso ter coragem para correr atrás dos nossos sonhos, tentar algo novo, para começar e terminar um curso e, principalmente, para *dar* um curso.

É preciso ter muita coragem para ser educador. Educador parental então, ainda mais! Por isso quero resgatar a origem da palavra – é preciso *agir com o nosso coração*. É ter coragem de errar, de aprender com seus erros, de fazer melhor, de não cometer o mesmo erro de novo – mas provavelmente outros.

Já falei um pouco sobre erros e sobre a coragem de errar. Vou precisar me aprofundar nesse conceito utilizando uma citação de Rudolf Dreikurs em seu livro de 1964, *Como educar seus filhos nos dias de hoje:*

> "Todos nós erramos. Poucos o fazem por negligência. Muitas vezes sequer sabemos que determinado comportamento está errado até que, depois que se consuma, vemos seus resultados! Algumas vezes, até *temos* que errar, a fim de descobrir que aquilo *é* um erro. *Devemos ter a coragem de ser imperfeitos* – e permitir que nossos filhos também o sejam. Somente desta maneira podemos funcionar, progredir e crescer. (...) Errar não é quase tão importante quanto o que fazemos depois de cometer o erro."

É preciso muita coragem para ser uma mãe ou pai responsável e educar os filhos. Infelizmente não há um método perfeito, um manual cheio de respostas que garantam que nossos filhos serão sempre felizes e desenvolverão todas as habilidades que sabemos que eles vão precisar nessa vida.

Como estamos falando de coragem, vou também ler essa outra citação, dessa vez de Brené Brown. Em seu livro *A coragem de ser imperfeito*, ela nos ensina sobre a importância da vulnerabilidade e de viver com ousadia:

> Viver plenamente quer dizer abraçar a vida a partir de um sentimento de amor próprio. Isso significa cultivar coragem, compaixão e vínculos suficientes para acordar de manhã e pensar: Não importa o que eu fizer hoje ou o que eu deixar de fazer, eu tenho o meu valor. E ir para a cama à noite e dizer: Sim, eu sou imperfeito, vulnerável, e às vezes tenho medo, mas isso também não muda a verdade de que também sou corajoso e merecedor de amor e de aceitação.

Brown, em suas pesquisas, descobriu que a vulnerabilidade foi o único traço em comum entre todos os homens e mulheres que ela considera "plenos" – pessoas bem-sucedidas profissionalmente, em seus relacionamentos familiares e como pais.

Não se trata de não se importar com o que as pessoas pensam porque perderíamos a capacidade de criar vínculos, mas também não é ser moldado pelo que as pessoas pensam. É saber avaliar a crítica, para aproveitar um *feedback* importante e ter coragem de assumir seus erros, suas fraquezas, sua humanidade. Somos humanos. Todos temos medo e o medo nos paralisa. Temos medo de passar vergonha, de sermos julgados, de parecermos bobos. Temos medo de errar e de não agradar. Por isso não ousamos e damos aquela sugestão ou não colocamos aquela ideia em prática que podia ser bem criativa. Por isso congelamos e não agimos.

Não posso deixar de mencionar dois importantes livros sobre a psicologia de Alfred Adler: *A coragem de não agradar* e *A coragem de ser feliz* (Kishimi e Koga). Adler defendeu uma psicologia da coragem que acredita que nossa necessidade fundamental é o pertencimento, que toda alegria tem base nos relacionamentos interpessoais e que o amor é a prova de coragem mais desafiadora que existe. São muitos e profundos os conceitos dessa psicologia – recomendo o estudo através dos livros da série Disciplina Positiva, para quem se interessar, pois essa abordagem tem sua base teórica na psicologia Adleriana.

Eu sei de muitos educadores parentais que já concluíram alguma formação em Educação Parental, mas ainda não se sentiram prontos para começar a atuar. É preciso coragem mesmo. Consciência de que vamos errar antes de acertar. Lembrar que o fracasso faz parte do processo e, principalmente, ter coragem, confiança e persistência para seguir em frente e levar nossas ideias adiante.

Podemos ensinar pais e mães a terem coragem. A assumirem seus erros, sua vulnerabilidade e a aprenderem a reparar seus erros.

Se você tem uma ideia e alguém fala: "Mas essa ideia é péssima!", você talvez desista, antes de tentar.

Infelizmente, pais, mães e educadores muitas vezes fazem isso com as crianças e adolescentes – não sabem sequer acolher os medos tão típicos dessas fases. Brigam, ridicularizam ou aproveitam do medo de abandono das crianças e ameaçam: "Vou te deixar no quarto, sozinho!"

Acolher nossos próprios medos, acolher os medos dos pais, acolher os medos das crianças é o primeiro passo. Reconhecer, acolher, demonstrar compreensão é o que podemos fazer para ser um exemplo aos pais de como eles poderão acolher seus próprios filhos.

Precisamos de muita coragem para assumir nossos medos, demonstrar vulnerabilidade, correr riscos e não se afetar tanto com as críticas e a reação dos outros.

Exemplo pessoal: Os bons livros me encorajam, a Natureza também. Então, quando estou com medo de algo, sigo minha SABEDORIA (lembra? Silêncio, atenção, brincadeira, escuta, doação, observação, respiração, de uma maneira integral e com agradecimento). Às vezes, só uma caminhada no parque da Água Branca, aqui do lado de casa, já espanta meus medos e cansaço.

No seu livro *Cartas de um terapeuta para seus momentos de crise*, aprendi com Alexandre Coimbra do Amaral sobre o que o medo nos diria:

> Veja a quantidade de notícias que você lê todos os dias.
> Não permita que tantos medos que você nem sabia que

> pudessem existir façam parte dos seus minutos mais cotidianos e preciosos. Faça aí um exercício de desligar-se não da tela somente, mas dessa avalanche de medos que invade a sua alma sem pedir licença. As notícias não servem somente para informar, elas têm sido um verdadeiro instrumento de propagação de medos. Você tem o poder de dizer não a tudo isso, a dar-se o direito de se desligar de todas as pretensas ameaças individuais e coletivas que a tela do celular lhe mostra. Você é a dona da sua paz. Você é a escudeira da sua tranquilidade. [...] Eu (medo) sou muito menor do que a natureza. A natureza é um dos antídotos de minhas formas mais sombrias.

Aqui vão algumas ideias para você desenvolver sua coragem:

- Aceitar o seu medo. Não adianta fingir que ele não existe. Medo de agir, de falar, de se arriscar. Tente entender – de onde esse medo vem. Isso facilita a saber como lidar com ele.
- Focar nas forças, talentos e habilidades que você tem para lidar com esse medo. Acredite em si.
- Pedir ajuda. Converse com diferentes pessoas (amigos, familiares, psicólogos, professores de ioga...) para ouvir opiniões diversas, mas a decisão final, a escolha, é sua.
- Começar aos poucos a desenvolver sua coragem, arriscando-se aos poucos com coisas novas.
- Dizer a si mesmo em voz alta o que gostaria e precisa ouvir para se sentir encorajado. Se um amigo te procurasse com esse mesmo medo, que palavras de apoio você diria a ele?

- Avaliar os riscos e agir – parar de adiar. Isso só faz o medo crescer.
- Se fracassar, tenha autocompaixão; afinal, você já aprendeu algo com esse erro: a não fazer da mesma forma na próxima vez.

PERGUNTAS DE AUTORREFLEXÃO

1. **Quais são seus medos hoje em relação a sua atuação como educador/educadora parental?**
2. **Como você pode enfrentar esses medos? Talvez pesquisar mais sobre algum assunto? Talvez listar os prós e contras dessa situação? Talvez pedir ajuda?**

Vai lá! Coragem, lembra? *Agir com o coração*. Estou por aqui, se precisar de ajuda.

CAPÍTULO 8

COMUNICAR-SE DE MANEIRA ASSERTIVA

Apresentarei, neste capítulo, a importância de ter habilidades específicas de comunicação desenvolvidas e lhe convidarei a refletir sobre como estão suas habilidades de comunicação.

A comunicação assertiva é a capacidade de expressar seus pensamentos, ideias e emoções de maneira objetiva e clara. Essa é uma competência imprescindível para os educadores parentais porque educadores sempre utilizam a linguagem para: acolher, perguntar, ouvir, falar, explicar, argumentar, exemplificar, contar histórias, apoiar, encorajar, orientar, dialogar e, quando necessário, também discordar, interromper, redirecionar os pais. Percebem como a comunicação (verbal e não verbal) está presente o tempo todo nessa interação com os pais e mães?

Certamente a comunicação é crucial em todos os relacionamentos, mas vamos focar nos familiares. Muitos pais e mães infelizmente costumam usar a fala para: ameaçar, criticar, julgar, reclamar, culpar, brigar, gritar, dar sermão, explicar demais, humilhar, comparar os filhos, antecipar o que os outros vão dizer, interromper para dar conselhos e lição de moral, oferecer trocas com o filho para que ele obedeça...

Por exemplo:

"Se você ficar quietinho no shopping te dou um brinquedo."

Aí depois não entende o porquê de o filho sempre ter um ataque de birra no shopping, mesmo depois de ter dado tudo o que ele pediu.

O que um pai está ensinando a seu filho com uma frase dessa: "Se você fizer isso, eu te dou aquilo" – a negociar? Ou a manipular para conseguir algo? Quem está manipulando quem?

Imagino que já falaram ou ouviram essas coisas porque nós mães e pais fazemos muito tudo isso e nem nos damos conta do quanto isso cansa. Ficamos exauridos porque controlar dá muito trabalho e o quanto essa comunicação é ineficaz em curto e em longo prazo porque, afinal, eles não ouvem e não desenvolvem habilidades de vida.

Sabe aquela frase que você já deve ter falado ou ouvido alguma mãe dizer: "Eu já falei um milhão de vezes e você não me escuta!"

É verdade. Eles não escutam mesmo. Quem está fazendo papel de bobo e precisa mudar? O adulto ou a criança?

Por esse motivo, nós educadores parentais podemos ajudar os pais nesse processo de autoconsciência sobre a nossa comunicação verbal e não verbal e refletir sobre quais mensagens estamos emitindo com nossas palavras, expressão facial, olhar e linguagem corporal.

Dependendo do contexto em que os pais que você atende estão inseridos, talvez eles tenham o hábito de *conversar* com outros adultos sobre a criação dos filhos e de serem um exemplo de comunicação respeitosa para os filhos.

Quando as famílias encontram amigos, familiares e vizinhos, tanto os pais quanto os filhos têm mais oportunidades de praticar habilidades de comunicação. Nos clubes, nas igrejas, escolas, comunidades... Inclusive os pais e mães têm a chance de trocar experiências sobre seus desafios com a parentalidade. Antigamente, em todos os cantos do mundo, essa troca de experiências e conversa sobre criação de filhos acontecia naturalmente. Por isso aquele famoso provérbio africano: "É preciso uma aldeia inteira para se educar uma criança".

Atualmente, vivemos um paradoxo: graças ao avanço das tecnologias, a comunicação é mais fácil e rápida e atinge muito mais gente ao mesmo tempo, mas as pessoas estão cada vez menos dialogando com calma e tranquilidade. Daí a importância de desenvolver essa competência em nós, educadores parentais, para depois ajudarmos pais e, consequentemente, famílias.

Com uma comunicação assertiva nós conseguimos:

- criar vínculos;
- demonstrar empatia;
- ensinar conteúdos;
- minimizar e gerenciar conflitos;
- estimular a cooperação e muito mais.

São muitas as estratégias de comunicação que educadores parentais podem utilizar nos atendimentos ou cursos com pais. Vou me aprofundar em algumas:

- fazer boas perguntas;
- ter uma escuta ativa;
- contar histórias;
- encorajar.

FAZER BOAS PERGUNTAS

Perguntar é um convite ao diálogo, engaja a participação, conecta. Fazer perguntas é a melhor maneira para conhecer o seu público – seja por meio de perguntas em um questionário, pesquisa, enquete, seja por intermédio de uma entrevista com poucas e boas perguntas que ajudem o pai/mãe a refletir sobre seu contexto.

Por exemplo, se quiser compreender quais são as expectativas e necessidades deles, você sempre pode perguntar o que esperam do seu trabalho. Para compreender os problemas ou situações desafiadoras que estão enfrentando com os filhos, você pode perguntar e deixá-los falar. As boas perguntas ajudam nesse processo de criação de vínculo com os pais.

Você pode perguntar:

- "O que te trouxe aqui?" ou "Por que você escolheu esse curso?"
- Com o que você acha que eu posso te ajudar?
- O que você espera desenvolver ou aprender nesse curso/*workshop*/atendimento?
- Se você pudesse resolver uma situação-problema nesse curso, qual seria?

Um questionário básico pode incluir perguntas sobre a família:

- Nomes e idades dos filhos.
- Quem mora na casa.
- Qual é a rotina familiar.
- Quanto tempo os filhos passam na escola.
- Quem leva e busca na escola.
- Quanto tempo os adultos convivem com os filhos.
- A qualidade dessa interação etc.

Ao responder a suas perguntas pessoalmente ou por meio de um questionário, os pais trazem fatos e informações importantes sobre o relacionamento familiar e fica mais claro para o educador parental identificar no que pode ajudar.

Boas perguntas têm algumas características básicas: são verdadeiras, abertas, objetivas e poucas.

Verdadeiras porque você quer saber de verdade a resposta – está interessado no que aquela pessoa tem para te contar.

Abertas porque dão a oportunidade de quem vai responder descrever o processo, diferentemente das perguntas fechadas, em que a pessoa responde "sim" ou "não" e não costumam trazer muitas informações. Por exemplo: "O que aconteceu?"; "Como você se sentiu?"

Objetivas porque são diretas, claras, usam poucas palavras e vão direto ao ponto.

Poucas porque ninguém gosta de se sentir interrogado, né?

Percebam que professores e palestrantes usam muito as chamadas *perguntas retóricas*, para as quais não esperamos as respostas – imediatamente após as perguntas serem feitas, nós mesmos respondemos. É uma estratégia de oratória, útil em aulas expositivas e palestras, mas que pode se tornar um "blá, blá, blá" na interação com os pais. Cuidado no uso desse tipo.

Uma das perguntas mais eficazes em um curso para pais é: "O que você aprendeu hoje/com essa atividade/história?" E deixar que a elaboração do conhecimento venha do pai/mãe. Não precisamos ser nós as pessoas que sempre trazem o conteúdo, principalmente se você utilizar estratégias que convidem à reflexão, como vivências e dinâmicas (como as que usamos nos cursos de Disciplina Positiva).

Se algum participante fizer uma pergunta e você perceber nessa questão uma oportunidade de colaboração do restante do grupo, você pode "devolver" ao repetir a pergunta para todos: "Quem poderia responder a essa pergunta que foi feita?" ou "O que *você* acha sobre isso?"

Agora, tão importante quanto a qualidade das perguntas é a sua postura *depois* de fazer a pergunta. É imprescindível ter uma escuta ativa.

TER UMA ESCUTA ATIVA

Depois de perguntar, é, no mínimo, respeitoso demonstrar interesse pelo que é falado. Não estou falando de apenas ouvir e sim de escutar ativamente, com empatia, respeito e compreensão o que está sendo compartilhado com você. É importante abrir espaço para a fala do outro. Muitas vezes, o pai ou mãe não responde ou se abre imediatamente e você sempre demonstra calma e paciência ao esperar silenciosamente por algum tempo. Parece que nos incomodamos com o silêncio – muitas pessoas se sentem desconfortáveis, acham constrangedor. O silêncio diz muito e, durante ele, podemos "ouvir" melhor e, portanto, compreender as palavras não ditas.

Escutar ativamente vai além de observar a escolha de palavras e o tom de voz do falante para também perceber toda comunicação não verbal que está presente: a expressão facial, toda a linguagem corporal, os gestos, a energia que está sendo transmitida ali.

E como podemos demonstrar que estamos verdadeiramente escutando o outro? São essas as características de um bom ouvinte:

Demonstra que está ouvindo

- Mantém o contato visual – tem o hábito de olhar no olho, mesmo que isso signifique abaixar-se ou mudar de posição para conseguir estar com os olhos na mesma altura do olhar de quem fala. Isso é especialmente importante quando estamos falando com crianças pequenas.
- Tem uma expressão facial coerente com o que está sendo dito – para demonstrar empatia com o que o outro sente e transmite com aquela história.
- Tem uma linguagem corporal que demonstra interesse na conversa, com o corpo voltado em direção à pessoa que fala, acenando com a cabeça para indicar escuta, por exemplo.
- Usa palavras, perguntas ou expressões que demonstram interesse e compreensão pelo que está sendo dito, como: "E o que aconteceu?", "Eu imagino como você se sentiu..."

Mantém o foco no que está sendo dito

- Escuta atentamente – foca sua atenção em quem fala, em vez de distrair-se com algum objeto ou outra pessoa. É quando você para de fazer qualquer oura coisa que estiver fazendo para ter uma atenção plena, estar 100% presente naquele momento.

Observa o que e como aquilo está sendo comunicado

- a expressão facial de quem fala;
- os gestos e linguagem corporal;
- o tom de voz;
- o sentimento por trás daquela fala;
- a escolha de palavras.

Demonstra interesse, compreensão e empatia

Você pode até não concordar com o que a pessoa está te dizendo, mas o objetivo da conversa com os pais é ouvir com atenção e empatia para compreender a perspectiva deles e aí poder acolher seus sentimentos e suas necessidades. Isso é necessário para criar primeiramente uma conexão com eles e depois poder ajudá-los a refletirem sobre as consequências imediatas de suas escolhas e em longo prazo.

O que NÃO fazer enquanto estiver escutando um pai ou mãe:

- não julgar ou rotular (fácil falar, difícil fazer);
- não antecipar;
- não interromper;
- não se distrair com mais nada e ninguém;
- não "roubar" a palavra e dar sua opinião, conselho, sermão.

Observe que um bom ouvinte sabe *acolher* o pai e mãe em um atendimento ou curso. Quando eles se sentem acolhidos, escutados, compreendidos, eles se abrem para querer ouvi-lo também e aprender com você a olhar os fatos sobre outra perspectiva – a dos filhos.

Saber acolher implica ter boas habilidades de comunicação e também de empatia, respeito, não julgamento. Vou me aprofundar sobre acolhimento quando explicar o conceito de *rapport,* no capítulo 11.

Você primeiro ouve para depois poder falar. Essa é, aliás, outra importante habilidade que o educador parental precisa desenvolver – a habilidade de saber informar com sua fala um conceito importante para pais e mães.

Uma fala clara, objetiva e assertiva apresenta o conteúdo com eficiência. Falar não é convencer, pregar, querer fazer valer a sua verdade, enfiar goela abaixo ou ouvido adentro, mas é: incentivar, convidar, estimular, encorajar, motivar, inspirar, ajudar, cuidar, ensinar, educar. Muito do nosso trabalho é feito com palavras, saber comunicar-se, compartilhar informações.

CONTAR HISTÓRIAS

Contar histórias é uma maneira eficiente para exemplificar conceitos. E tal como fazer boas perguntas que convidem à reflexão, contar histórias também é uma arte e uma habilidade que pode ser desenvolvida. Vale compartilhar histórias de sucesso e de fracasso. Histórias reais que aconteceram com você na sua vida ou de outros pais que você ouviu ou ainda leu em um livro sobre parentalidade.

É importante saber quando mencionar ou não a fonte das histórias que você conta: se são histórias publicadas você não só pode, mas deve mencionar a fonte – onde leu ou ouviu. No entanto, se foi uma história compartilhada com você por algum pai ou mãe, você precisa *omitir* nomes e dados pessoais para manter a confidencialidade.

Algumas características das boas histórias que podem ser utilizadas em atendimentos ou cursos para mães e pais são:

- histórias reais engajam mais porque os pais se identificam;
- histórias que estejam relacionadas com o assunto da aula/encontro são didáticas e esclarecem conceitos e teorias;

- histórias curtas e objetivas (mas que tenham os elementos necessários de uma narração – começo, meio e fim) são mais fáceis de acompanhar, guardar e, portanto, compreender a mensagem que está sendo transmitida;
- histórias divertidas ou com um final surpreendente são mais interessantes e ficam registradas na nossa memória.

> **Exemplo pessoal**: Descobri, dando cursos para grupos de pais e mães, que eles adoram ouvir histórias reais minhas com a minha filha (as de sucesso e especialmente as de fracasso), mas também histórias de outros pais/mães. Isso cria uma rápida conexão comigo e entre os participantes. Então, sempre peço relatos de situações desafiadoras e pergunto se quem contou gostaria da ajuda dos outros participantes para buscarmos soluções juntos. Seguir o passo a passo dessa estratégia da Disciplina Positiva (pais ajudam pais) é extremamente eficaz. A rica troca de experiências e opiniões oportuniza muito aprendizado!

Um bom contador de histórias sabe:

- usar sua voz (o volume, a entonação, o ritmo, pausa para criar suspense...);
- usar gestos e movimento para manter o dinamismo da narração;
- usar adjetivos para detalhar e ajudar a criar uma imagem mental do lugar e fatos;
- escolher o tema da história – relacionada ao assunto do encontro.

Outras habilidades de comunicação, como "saber dizer não" e criar vínculos estarão mais adiante no livro.

Sugiro criar o hábito de refletir como estão suas habilidades de comunicação verbal e não verbal em diferentes relacionamentos. Observe suas escolhas de palavras, atitudes, linguagem corporal nas interações.

Essa autoconsciência contribuirá com o desenvolvimento das suas competências comunicativas como educador parental. Sua comunicação será seu recurso mais poderoso para educar!

No próximo capítulo me aprofundarei em outra importante habilidade de comunicação para o educador parental: saber encorajar. Mas, antes, trouxe algumas perguntas para encorajá-lo.

PERGUNTAS DE AUTORREFLEXÃO

1. **Como estão as suas habilidades de comunicação? Talvez você precise perguntar isso para alguém do seu relacionamento.**
2. **Você, em uma conversa, é do tipo que fala mais ou escuta mais? Ou procura dialogar, alternando turnos de fala?**
3. **Você costuma interromper o outro para dizer o que está acontecendo consigo?**
4. **Que boas perguntas você pode fazer aos pais e mães?**
5. **Que boas histórias você pode compartilhar com pais e mães?**
6. **Como outras pessoas que convivem com você acham que você se comunica? Vale perguntar para seu cônjuge, colega de trabalho, filho adolescente/adulto.**

Exemplo pessoal: Outro dia minha filha falou que eu ainda grito (para minha surpresa!) – explicou que bem menos do que quando ela era pequena, mas que ainda me exalto e falo alto... Muitas vezes precisamos do outro para nos ajudar nesse processo de autoconsciência e reflexão.

Tenho outras perguntas específicas se você é mãe ou pai:

7. **Você tem algum momento do dia (mesmo que curto) ou da semana, se realmente não é possível todos os dias, para *dialogar* com seu filho – falar e ouvir de verdade? Isso vale mesmo com os bebês – a gente dialoga mesmo com as crianças não verbais.**
8. **Você fala mais ou ouve mais?**
9. **Você demonstra interesse genuíno no que seu filho tem para contar?**
10. **Sobre que assuntos você tem falado ou conversado? Observe se você só fala com seu filho adolescente sobre notas; se vocês têm conversado sobre sentimentos, sonhos, desejos, planos...**
11. **Você reconhece com suas palavras o esforço e a dedicação deles? Demonstra gratidão? Essa é uma das maiores lições que podemos aprender e ensinar aos nossos filhos: sermos gratos pelo que somos e pelo que temos em vez de ficar numa eterna busca do que não temos...**
12. **Você usa com frequência em casa com os filhos também – ou só na rua – expressões como *obrigada, por favor, com licença, sinto muito...*?**

Afinal, ensinamos mais com nossas ações do que com nossas palavras...

13. **Como está sua comunicação não verbal? Você faz caras e bocas quando alguém/uma criança faz ou diz algo? Não responde? Dá suspiros? Boceja? Seu olhar está sempre franzido? Sua boca está sempre com os dentes cerrados?**

CAPÍTULO 9

SABER ENCORAJAR

Encorajar, no dicionário, significa: inspirar, estimular, incentivar, entusiasmar, animar, motivar, apoiar... Encorajamento é um dos princípios básicos da psicologia Adleriana e, portanto, da abordagem da Disciplina Positiva, como já mencionei anteriormente.

O motivo pelo qual um educador parental precisa saber encorajar e inspirar é óbvio: pais e mães relatam muitos desafios da parentalidade para um curso ou atendimento e eles precisam de coragem para enfrentá-los!

Se eles já estão desencorajados, ou sem coragem para enfrentá-los, é sua função, como educador parental, ajudá-los nesse processo. Funciona mais ou menos assim:

A mãe, por exemplo, chega relatando um desafio com o filho e demonstra que se sente desencorajada porque diz que já tentou de tudo, que não sabe mais o que fazer e que o filho não tem mais jeito. A educadora parental vai acolhê-la e, além de oferecer sua escuta empática e compreensão, vai ajudá-la a refletir o porquê dessa situação e *encorajá-la* a tentar algo diferente para lidar com aquele desafio trazido com o filho.

Nós todos temos essa capacidade de encorajar (ou não). Podemos encorajar ou desencorajar com nossas palavras e atitudes. Pais e mães vão encorajar seus filhos com suas palavras e com sua expressão facial, tom de voz, linguagem corporal, escuta empática, demonstrando compreensão e apoio.

Nos cursos de educação parental, pais e mães costumam pedir uma lista de frases encorajadoras que poderiam utilizar com seus filhos – um roteiro, um *script*. Como se fossem frases mágicas: ao usar a frase certa, conseguiremos a cooperação, o respeito e tudo o mais que quisermos dos filhos.

Podemos dar vários exemplos de frases encorajadoras, mas insisto que é mais importante e eficaz ensinar *como encorajar*.

Existem categorias de encorajamento. Vocês conhecem?

Tem o encorajamento que é *descritivo* – quando descrevemos algum comportamento positivo que queremos valorizar. Vou dar alguns exemplos que podem ser usados com as crianças. Por exemplo, em vez de focar no que aquele filho está fazendo de errado – podemos encorajá-lo dizendo o que ele está fazendo direito:

- "Filha, olha como você já consegue comer sozinha!" (sem mencionar o quanto de comida caiu da colher fora do prato)
- "Filho, eu notei que você estava tentando se vestir sozinho! Que demais!" (foco na tentativa, mesmo que ele não tenha conseguido e aí você pode complementar com alguma frase de encorajamento: "Eu te ajudo a colocar o casaco e você sobe o zíper."

Repare que o encorajamento foca na *tentativa*, *esforço*, *progresso* e não na *perfeição*. Pais e mães também precisam desse encorajamento durante esse processo de aprendizado de novas estratégias parentais. Para eles também o foco não é na perfeição e sim em construírem relacionamentos menos conflituosos e mais harmoniosos.

Outro tipo de encorajamento é o encorajamento *apreciativo*, que é quando agradecemos por algo. Por exemplo:

- "Filho, obrigada por ter colocado os talheres na mesa! Desse jeito, você vai ser meu ajudante oficial para a hora das refeições e ficar responsável por arrumar a mesa!"
- "Filha, obrigada por ter ajudado sua irmãzinha a escovar os dentes! Você viu que ela está aprendendo com você?"

E tem também o encorajamento que é *empoderador* – é quando você empodera, anima, motiva alguém. Por exemplo:

- "Eu sei que você consegue!"
- "Eu confio em você!"

Para serem ainda mais empoderadoras, essas frases podem trazer detalhes do porquê você confia ou acredita naquela pessoa. Assim:

- "Filho, eu sei que você consegue fazer a sua lição de casa sozinho. Você soube me dizer o que fazer na questão 1. Vai lá! Continua sozinho!"
- "Filha, eu acredito em você! Eu vi que você estava estudando para a prova de hoje e você vai fazer o seu melhor!"

Muitas pessoas confundem elogio com encorajamento, mas observem que o elogio vem de um lugar de julgamento – quem elogia é quem decide se estava bom o suficiente e diz:

- "Parabéns! Muito bom! Bom trabalho! Isso! É assim que se faz!"

É fácil elogiar um trabalho perfeito. Mas no processo de aprendizado a gente erra muito e é durante esse processo que precisamos de encorajamento.

O encorajamento consegue trazer mais informações sobre aquela ação. Exemplos de falas para crianças:

- "Você caprichou no seu desenho! Olha quantas cores você usou e como você está sabendo colorir muito melhor do que antes..."
- "Você praticou tanto escrever o seu nome que agora está conseguindo fazer isso sozinho!"

- "Eu notei que você apagou e começou de novo quando percebeu que tinha feito o cálculo errado."

Uma atitude que é muito encorajadora é dar espaço para o outro refletir e fazer uma autoavaliação.

Por isso, sempre que possível, pais e mães poderiam, em vez de sempre emitir a sua opinião, perguntar para a criança:

- "O que você achou do seu desenho?" (e aí ficar em silêncio para ouvir o que ele tem a dizer)
- "Você já consegue escrever seu nome! Como está se sentindo?"
- "Você já sabe lavar suas mãos tão bem. Quer aprender a tomar banho sozinho?"

Uma frase ou uma atitude encorajadora é o combustível para a pessoa continuar tentando, mesmo que ainda erre. É o que dá coragem da pessoa tentar de novo, de aprender com seus erros – lembrando que para aprender absolutamente qualquer habilidade nova precisamos praticar muito!

É importante ensinar aos pais que o processo de aprendizado com as crianças geralmente é assim:

Na primeira vez nós é que fazemos aquilo que queremos ensinar (demonstramos como fazer) e vamos descrevendo com palavras enquanto fazemos cada passo para a criança observar o processo, como se faz.

Só depois é que nós fazemos uma parte e a criança faz outra parte, nos imitando.

Outras vezes nós deixamos a criança fazer sozinha, mas estamos ali olhando como ela está fazendo e encorajando: "Isso! É assim mesmo!" ou "E agora? O que você faz agora?" Até que, finalmente, você deixa a criança saber que ela pode tentar fazer aquilo sozinha e que, se ela precisar de ajuda, pode te chamar. O adulto sabe que ela ainda está aprendendo e que ainda pode errar.

Essa maneira de ensinar os passos pacientemente, respeitando o ritmo do outro, é muito encorajadora!

E a nossa atitude profissional com os pais é semelhante. Se você apenas entregar uma lista de frases prontas, esse pai ou mãe vai achar que deve decorar essas frases. Mas não é isso, né? Não são só as palavras, é a energia que está por trás daquelas palavras.

É a coerência entre *o que* estamos dizendo com o *como* estamos dizendo aquilo.

Um outro jeito de ensinar novas habilidades, estratégias para mães e pais é também criar oportunidades para que eles pratiquem. Eles são adultos e também precisam da sua paciência, da sua didática, do seu respeito para o ritmo deles.

Por isso eu adoro as atividades de encenação/dramatização. Nos meus cursos e atendimentos, gosto de incluir uma atividade prática do tipo:

- "Agora faz de conta que eu sou seu filho – como você pode me encorajar a fazer minha lição de casa sozinho?"

Muito provavelmente esse pai ou mãe não vai, nessa encenação, te mandar fazer a lição "porque eu estou mandando"! Nem ameaçar dizendo que você vai crescer burro se não fizer a lição e certamente vai te bater ou xingar na cena...

Mas talvez, no começo, esse pai ou mãe não saiba *como* te encorajar. Talvez não soe verdadeiro ou fale demais. Talvez apele para a chantagem emocional:

- "Eu vou ficar tão feliz se você fizer sua lição sozinho!" A criança não deve aprender a fazer as coisas para *agradar* os pais e sim para *aprender* e poder *colaborar*.

Tem pais que acham que encorajar é *fazer pela criança*:

"Deixa que eu faço pra você. Olha, é assim que se faz a lição, filho!"

Não, né? Quem está indo para a escola é ele. A lição é *dele*.

Um ótimo jeito de pais e mães aprenderem a encorajar os filhos é praticar *como* fazer isso com você, com os colegas em um curso, em duplas ou terem vários exemplos de frases e atitudes encorajadoras. *Você* pode ser um bom exemplo de pessoa que tem atitudes encorajadoras com esses pais.

Seguem alguns exemplos de frases encorajadoras para pais e mães que educadores parentais podem utilizar:

- "Eu sei que é difícil pra você parar de gritar com seus filhos e você me contou que está se esforçando e melhorando!"
- "Eu confio em você! Você tem estudado tanto e tentado colocar tudo na prática com seus filhos!"
- "Lembre-se de que você sempre pode aprender com os seus erros."

O encorajamento desenvolve o *lócus de controle interno* – a pessoa não fica dependente de uma avaliação externa, da opinião dos outros. Consegue desenvolver a autoavaliação. Saber como está se sentindo – se está orgulhosa do que fez, como pode melhorar porque foca na melhora e não na perfeição, lembra?

Para saber mais sobre encorajamento e o perigo do elogio em excesso, recomendo o capítulo 7 sobre Encorajamento no livro *Disciplina Positiva* e também o livro *Mindset*, de Carol Dweck, no qual ela critica o elogio em excesso e defende um "*mindset* de crescimento": pessoas que têm essa estrutura mental acreditam que as habilidades podem ser desenvolvidas por meio de muito trabalho, boas estratégias e orientação.

Uma dica prática para aumentar o seu repertório de frases encorajadoras é listar o que *você* gostaria de ouvir quando sente que sua confiança está abalada. Vamos praticar?

Exemplo pessoal: Minha filha quis sair de casa e ir morar sozinha aos 23 anos. Eu a encorajei porque ela já trabalhava há anos e se mostrou pronta para assumir essa responsabilidade. Apoiei e sei que ela sente muito orgulho de si mesma, assim como eu também sinto dela.

PERGUNTA DE AUTORREFLEXÃO

1. **Que situação você se lembra na qual você não teve e gostaria de ter tido algum apoio, reconhecimento ou pelo menos uma demonstração de compreensão?**

Escreva a frase que você gostaria que outras pessoas tivessem dito ou algo que tivessem feito.

Guarde essa frase em algum lugar que você possa voltar quando precisar. Uma caixinha. Talvez na contracapa do seu caderno. Precisou de uma dose extra de encorajamento?

Abra seu caderno, sua caixinha e leia em voz alta para si mesmo!

O seu cérebro precisa ouvir essas palavras. Não importa se elas não estão sendo ditas por outra pessoa. O importante é que sejam ditas, que sejam ouvidas e que você acredite!

CAPÍTULO 10

SABER PLANEJAR

As primeiras decisões que o educador parental precisa tomar para iniciar seu planejamento de curso/*workshop*/atendimento são relativas: ao **formato**, ao **assunto** e a **quem é seu público-alvo:**

- Que *formato* eu prefiro adotar/será melhor para meu público/assunto?
- Que *assunto* eu me sinto seguro(a) para compartilhar com mães e/ou pais?
- Para *quem* esse assunto pode ser útil?
  - só para pais e tratar da paternidade;
  - só para mães e tratar da maternidade;
  - pais e mães juntos para tratar da parentalidade;
  - madrastas ou padrastos;
  - cuidadores, como babás ou outras figuras parentais.

Em que contexto social e cultural esse meu público está inserido?

Qual é a faixa etária dos filhos? (pais e mães de bebês, adolescentes...)

Nem sempre nós escolhemos o público ou o assunto. Às vezes eles "nos escolhem"... Podem surgir oportunidades de trabalho sobre um determinado assunto ou público que você inicialmente não tinha a intenção de abordar e aí pode ou não aceitar esse desafio.

Exemplo pessoal: No início de minha carreira como educadora parental eu comecei a planejar *workshops* com assuntos específicos para pais de pré-adolescentes porque minha filha estava nessa fase e eu conseguia me identificar com os desafios enfrentados pelos pais. No entanto, naquela mesma época, fui chamada para dar curso dentro de uma escola de Educação Infantil e os pais lá precisavam de outro enfoque e assuntos, apesar do formato inicial ser o mesmo – *workshop*. Observe como essas três decisões estão interligadas: o formato, o assunto e o público.

OS DIFERENTES FORMATOS PARA A ATUAÇÃO DO EDUCADOR PARENTAL

Outro assunto importante que você precisará decidir é que **formato** pretende utilizar com esse público. Algumas opções de formatos são:

- Presencial, on-line, híbrido.
- Curso/minicurso – no qual você tem liberdade para definir os objetivos, conteúdos, estratégias etc.
- Roda de conversa/grupo de estudo/clube de leitura – geralmente, participantes também ajudam a definir objetivos, conteúdos e estratégias e a disposição das cadeiras costuma ser em uma roda. O educador parental pode ser quem conduz a leitura, a discussão ou a reflexão.
- *Workshop* (oficina) – as estratégias são vivências, dinâmicas em grupo e atividades experienciais. Existe grande troca e interação entre os participantes e limite no número de participantes, no caso do *workshop* presencial, por causa do espaço físico. As salas costumam ter mesas com cadeiras e/ou mobilidade para diferentes tipos de interação entre os participantes. O educador parental também pode ser chamado de facilitador.
- Palestra – podem durar de 15 minutos a cerca de duas horas. Tem o formato de uma aula expositiva, na qual o palestrante discorre a respeito de algum assunto que conheça – precisa ter boa oratória para conseguir a atenção do público durante toda a explanação. O limite no número de participantes é definido pelo tamanho do espaço e, normalmente, as palestras acontecem em auditórios.
- Atendimento individual/aulas particulares – Neste formato, o educador parental atende um dos pais ou os dois (só mãe, só pai, pai e mãe, mãe e mãe, pai e pai, mãe e padrasto, pai e madrasta etc.). Alguns educadores parentais gostam de chamar esse momento de *orientação* ou *consultoria*. Sugiro utilizar a expressão que condiz com a sua formação e registro. Por exemplo, se você abriu uma

empresa de consultoria, pode dizer que faz consultoria aos pais. Se você tem uma MEI[1] e dá aulas e cursos, pode chamar suas sessões individuais de um curso particular sobre determinado assunto. Nesse formato, recomendo combinar tudo com seu público, *antes* de iniciar: o número mínimo de sessões do atendimento individual, duração, formas de pagamento etc.

Vamos refletir sobre a importância do planejamento do formato escolhido. Leia as perguntas a seguir e silenciosamente reflita sobre as respostas. Se quiser, escreva-as. Vamos abordar cada uma delas mais adiante.

- **Por que** planejar?
- **O que** planejar?
- **Para quem** planejar?
- **Onde** planejar?
- **Quando** planejar?
- **Quanto tempo** planejar?
- **Para que** planejar?
- **Como?** Com que materiais planejar?

POR QUÊ?

Os principais motivos do **porquê** planejar incluem: segurança, autoconfiança, organização, calma e tranquilidade tanto para o próprio educador parental quanto para o seu público.

1 MEI significa Microempreendedor Individual, ou seja, um profissional autônomo – uma ótima alternativa para quem busca uma oportunidade de negócio próprio.

E O QUE PLANEJAR?

É importante definir um roteiro/plano de aula que inclua: o conteúdo (assunto ou tema) que será apresentado e trabalhado com os pais; os objetivos de aprendizagem (o que esses pais aprenderão com você); as estratégias ou atividades e os materiais que você e seu público utilizarão; a duração de cada atividade e do evento; a utilização do espaço físico – organização das cadeiras, por exemplo; os tipos de interação (trabalho em grupos pequenos, duplas, individual ou com todo o grupo).

Se possível, inclua no seu roteiro até suas falas, principalmente as perguntas que precisará fazer para ajudar os pais a refletir. Eu gosto de incluir no meu plano tudo o que eu lembro e que posso planejar – inclusive um item chamado "antecipar problemas" e respondo às seguintes perguntas: "O que pode dar errado?; "O que eu faço se acontecer algum imprevisto?"; "E se faltar tempo? O que é imprescindível trabalhar?"; "E se sobrar tempo? O que posso incluir para preencher esse espaço?".

PARA QUEM PLANEJAR?

Retomo aqui a importância de conhecer seu público-alvo, pois só com esse conhecimento você poderá planejar algo que atenda a suas expectativas, seus desejos e suas necessidades. Dependendo do público, você definirá se esse será um curso/atendimento mais teórico, no qual você apresenta fatos e conceitos, ou mais prático, no qual você apresenta ferramentas eficazes para que eles possam utilizar no dia a dia com seus filhos.

ONDE?

O local onde o curso/atendimento acontecerá dependerá do público, formato, disponibilidade etc. Alguns exemplos de lugares onde o educador parental pode dar cursos para pais ou fazer atendimentos são: casas, apartamentos, condomínios, livrarias, escolas – tanto dentro de sala de aula quanto na quadra ou no auditório da escola, igrejas, editoras, espaços de eventos, hotéis, lojas, empresas, clubes...

Um aspecto importante que ajudará a definir o tamanho do local é a disposição das cadeiras. Existem várias possibilidades, por exemplo: "auditório" são fileiras de muitas cadeiras lado a lado, como em um teatro; "escolar" são como em uma sala de aula tradicional – cadeira e mesa em duplas/trios; em "U" ou "semicírculo" – as cadeiras são colocadas com foco em uma tela ou quadro ou ainda voltadas para quem conduz.

No formato on-line você não tem que se preocupar com isso, mas precisa decidir: que plataforma utilizará, questões de segurança, Wi-Fi, se o encontro será gravado, se a gravação será compartilhada etc.

QUANDO?

Definir rapidamente o(s) dia(s) e o horário é fundamental porque, muitas vezes, o público pode até se interessar pelo seu tema, mas não tem disponibilidade naquele dia e horário. Considere fazer uma pesquisa com seu público-alvo ou no local escolhido – quais dias da semana e horário serão mais práticos para eles.

QUANTO TEMPO?

Em relação à duração de cada encontro ou à carga horária total do curso, considero também importante consultar o público-alvo para que seja interessante e possível para eles participarem do evento.

PARA QUE PLANEJAR?

Trata-se de definir o porquê esse evento acontecerá. Quais serão os objetivos do curso/*workshop*/palestra/atendimento. Um modelo tradicional (mas que eu acho muito esclarecedor) para definir quais serão os objetivos de aprendizagem é completar a seguinte frase: "Ao final desse encontro/sessão/aula/atendimento, os participantes serão capazes de (verbo do que serão capazes de fazer) _____."

Trouxe alguns exemplos:

- "Ao final desse encontro/sessão/aula/atendimento, os participantes serão capazes de conhecer as características principais de um bebê de 5 meses."
- "Ao final desse encontro/sessão/aula/atendimento, os participantes serão capazes de identificar seu estilo parental."
- "Ao final desse encontro/sessão/aula/atendimento, os participantes serão capazes de confeccionar um quadro de rotinas com seus filhos."
- "Ao final desse encontro/sessão/aula/atendimento, os participantes serão capazes de lidar melhor com as brigas entre irmãos."

A partir desse ou desses objetivos, todas as atividades, estratégias e materiais serão definidos. Eu, particularmente, gosto da ideia de apresentar os objetivos aos participantes no início dos trabalhos, novamente para alinhar as expectativas e garantir que todos estão com o mesmo foco. Os objetivos funcionam como o nosso "GPS" – o destino/foco – onde quero chegar. Só dá para traçar a rota da viagem se sabemos onde queremos chegar.

COM QUE MATERIAIS?

Se o formato for on-line, o material pode ser enviado em PDF ou pelo correio. Alguns materiais, como indicação de livros e outros materiais de consulta e estudo, podem ser postados em uma pasta compartilhada – no Google Drive, por exemplo –, ou em uma plataforma como o Padlet para organização da sequência dos encontros. Se for um evento presencial, você pode entregar pessoalmente os materiais para os participantes – e, mesmo assim, alguns podem ser deixados em uma pasta ou plataforma, conforme já mencionado.

Exemplos de **materiais para participantes**: crachás, folhas ou bloco de notas, caneta, fichas, livros, *tablets*, *links* de sites, apps...

Exemplos de **materiais didáticos em eventos presenciais**: tela para projeção, projetor, microfone, passador de slides, quadro/papéis para anotações, canetas para quadro branco ou *flipchart*, lousa digital, púlpito, banco alto, mesas, *banner* para sinalização, porta-*banner*...

Dependendo da duração, será necessário providenciar comes e bebes (galão de água, garrafa de café, *coffee break*/ almoço...).

COM QUE ESTRATÉGIAS/ATIVIDADES?

Trago a seguir vários *exemplos* de estratégias de ensino/tipos de atividades, por momento do encontro: início, meio e fim.

Início – Atividades de acolhida (aquecimento, "quebra-gelo", recepção):

- Perguntar, por exemplo: "Como vocês estão chegando hoje?", "Quem tem alguma pergunta relacionada à aula/sessão anterior?" ou "Vocês estão confortáveis? Estão com o material que vamos utilizar hoje? Alguém precisa de alguma coisa?" (checar temperatura, barulho, luminosidade ou no on-line o funcionamento do Wi-Fi, da câmera e do microfone).
- Cada um diz em uma palavra/frase: sua expectativa do curso, seu sentimento hoje, um conceito favorito, uma atividade favorita etc.
- Cada um se apresenta em cada aula dizendo algo a seu respeito: nome e apelido; cidade onde nasceu e onde mora; quantos filhos, nomes e idades; quantos irmãos e diferença de idade para cada um deles; um *hobby* etc.
- Podem, em algum encontro, fazer indicação de filme/ série/livro/exposição/passeio com os filhos etc.
- Iniciar com bate-papo sobre algo que alguém comentou na aula anterior ("Como foi aquele evento?"); ou sobre o clima, trânsito, tarefa que foi dada...

Dicas:

- A energia de animação, o dinamismo, o sorriso no rosto e uma postura aberta são elementos importantes para **receber** os participantes em um curso. Por isso, vale até colocar música, se quiser.
- Em um grupo, é muito importante que você consiga silêncio para começar e que você tenha atenção de todos para dar as orientações para a primeira atividade do dia (aquecimento/quebra-gelo).

Meio – Minhas 10 estratégias favoritas para usar em cursos/workshops com mães e pais:

1. Dar uma **breve "aula expositiva"**/explicação de um conceito teórico ou ferramenta parental ou ainda um resumo de um capítulo de um livro – preferencialmente com algum recurso visual (com *poucas* palavras e imagens) para facilitar a compreensão do conceito.
2. Fazer uma **leitura em voz alta** de uma ficha, história, lista, dica, parágrafo, citação, orientação para uma atividade. Recomendo chamar voluntários para essa leitura.
3. Contar **histórias** com situações relacionadas ao tema da aula para servirem de exemplo. Podem ser suas histórias reais, como um relato pessoal, ou exemplos de histórias de outros pais/mães/famílias.
4. Dividir os participantes em **duplas/trios ou pequenos grupos para uma discussão** que pode (ou não) ser compartilhada depois com todo o grupo. O principal objetivo aqui é oportunizar troca de conhecimento, interação, melhor aproveitamento do tempo

(pois todos têm mais tempo de fala) e aprendizado. No formato on-line utilizamos as salas simultâneas para essa atividade.

5. Utilizar **dramatizações**/encenações de situações familiares típicas e também usando os conceitos aprendidos. O próprio educador parental pode fazer essa dramatização com outros participantes voluntários, como uma "demonstração", ou dividir os participantes em pequenos grupos que preparam sua cena e apresentam aos colegas.
6. Conduzir um "**levantamento de ideias**" (*brainstorming*). Apresenta-se um problema/situação desafiadora/pergunta e todos que quiserem levantam ideias/sugestões/alternativas/soluções. Pode-se dar um tempo para reflexão individual antes ou já iniciar esse processo colaborativo e criativo. Todas as sugestões são listadas e depois podem ser até discutidas ou aplicadas.
7. Conduzir uma **"reflexão" individual por escrito**. O educador parental faz uma pergunta ou cria um cenário e pede que os participantes registrem suas memórias/impressões/ideias por escrito individualmente. Se couber, peça a alguns voluntários que compartilhem suas reflexões pessoais com o grupo ou em duplas/trios.
8. **Trabalho em grupo** – Pode-se, por exemplo, pedir que eles preparem algo em grupo para ser apresentado para os outros grupos (como um Seminário) – pode ser uma explicação de um conceito, ferramenta parental ou história. Por exemplo, dividir um capítulo em partes e cada grupo fica responsável por

apresentar aos outros grupos alguma página. Um fechamento importante para esse tipo de atividade é disponibilizar o material completo para todos.

9. Utilizar trechos de **filmes/vídeos/animações, citações, poemas, fotos ou imagens** relacionadas ao tema da aula – para apenas observação ou discussão/reflexão.
10. Usar **recursos "tecnológicos" para pesquisar, se comunicar ou ainda se divertir** com outros participantes no curso. Por exemplo, no formato on-line, utilizar as enquetes e reações da plataforma Zoom, o quadro com Post-its do Miro, os *links* de curtas/sites ou áudios, fotos ou vídeos por WhatsApp, fazer uma pesquisa no Google sobre algo – uma definição do dicionário on-line etc.

Fim – Atividades de fechamento

O fim do encontro é a última "imagem" que os participantes saem desse encontro com você. É importante planejar e fazer um fechamento com a atenção de todos. Algumas sugestões são:

- Fazer indicação de tarefa.
- Fazer revisão do que foi trabalhado no encontro.
- Mencionar o conteúdo que será trabalhado no próximo encontro (para gerar motivação).
- Abrir espaço para dúvidas, comentários e *feedback* dos participantes. Você pode fazer algumas perguntas: "Como vocês estão saindo hoje?", "Quem tem alguma pergunta relacionada à aula/sessão de hoje?", "O que você aprendeu hoje?", "Do que você mais gos-

tou no encontro de hoje?" e "O que pode melhorar no próximo?".

- Cada um diz em *uma* palavra/frase: seu sentimento hoje, um conceito aprendido, uma ferramenta aprendida, uma reflexão pessoal, algo que aprendeu a respeito de si mesmo, algo a melhorar...
- Fazer uma foto do grupo.

Algumas dicas:

- Procure começar a atividade de fechamento uns 10 minutos antes do final para dar tempo de fazê-lo adequadamente. Pense em uma forma rápida e criativa para começar e terminar seus encontros em alto astral.
- Se você está reservando um momento para dúvidas, perguntas, comentários, críticas, sugestões, relatos, depoimentos para o final, é bom deixar uns 15 a 20 minutos.
- No início da sua prática como educador parental, é melhor planejar detalhadamente todas as atividades de um encontro: uma de aquecimento, as "do meio" – com conteúdos e vivências relacionadas ao tema da aula – e a atividade de fechamento. Procure ordená-las em uma sequência e crie frases de transição. Por exemplo: "Acabamos de aprender como o cérebro funciona. Agora vamos ver formas de nos acalmarmos."
- Procure ensaiar as atividades para poder calcular quanto tempo reservar a cada uma.
- É melhor planejar a mais (ter coisas extras "na manga") ou planejar mais de um encontro, se for um curso, do que "sobrar tempo" porque você cumpriu tudo o que

estava planejado e não saber o que fazer. Se sobrar tempo, você sempre pode perguntar o que e como pretendem utilizar o conteúdo visto, peça *feedback*, exemplos reais – eles sempre têm o que contar.

Exemplo pessoal – Quando comecei a planejar *workshops* para mães e pais, eu tinha uma grande experiência como professora, mas não com aquele assunto e público. Resolvi, para me sentir segura, registrar todas as minhas falas – instruções (curtas, objetivas e o passo a passo), perguntas e até as frases de transição entre uma atividade e outra ("Agora que vocês se apresentaram, eu vou apresentar os objetivos desse curso..."). Eu não costumava ler as frases durante o curso, mas planejá-las e escrevê-las era uma maneira eficiente de estudar o conteúdo. Alguns *workshops* meus chegaram a ter até 20 páginas! Hoje, quando planejo cursos, escrevo uma ou duas páginas no máximo.

PERGUNTAS DE AUTORREFLEXÃO

1. **Você já definiu o seu público?**
2. **Você já definiu que assunto relacionado à parentalidade pretende focar?**
3. **Você já definiu o formato do seu primeiro/próximo curso/atendimento para mães/pais?**
4. **Você já definiu qual é o número mínimo de horas desse curso/atendimento individual?**
5. **Planeje um evento para pais – escolha um dos formatos acima e planeje cada um dos itens.**

CAPÍTULO 11

GERENCIAR SITUAÇÕES DE APRENDIZAGEM

Planejar é o que acontece *antes* do próprio evento – é apenas uma "carta de intenções". Muitas outras habilidades serão necessárias para a execução, gerenciamento e facilitação *do* evento – a hora da *ação*. Algumas são:

- ter e demonstrar organização, conhecimento do material e domínio do conteúdo;
- sentir e demonstrar autoconfiança e tranquilidade;
- saber transmitir conhecimentos e sintetizar o que é relevante (didática);
- criar clima de aprendizagem e vínculo com seu público;
- ter pensamento ágil para saber lidar com imprevistos e fazer mudanças no planejamento.

Vou me aprofundar em algumas dessas habilidades neste capítulo.

ORGANIZAÇÃO – ROTINA DE TRABALHO

Durante o encontro com os pais e mães é fundamental estabelecer uma *rotina* de trabalho para suas aulas/atendimentos. Essa previsibilidade trará segurança e organização. Tanto em atendimentos individuais quanto em cursos ou *workshops*, eu tenho o hábito de cumprimentar os participantes pontualmente no horário marcado – é o momento da acolhida/aquecimento.

Eu, por exemplo, não costumo compartilhar com os participantes tudo o que planejei. Raramente menciono todas as atividades planejadas ou a duração de cada atividade, mas gosto muito de começar meus encontros anunciando os principais objetivos e/ou conteúdos que serão trabalhados.

Depois de recebê-los, dependendo do formato, costumo apresentar algum conteúdo novo relevante para esses pais e mães. Se alguma tarefa foi indicada em algum encontro anterior, também costumo perguntar quem gostaria de compartilhar suas reflexões, se alguém pode relatar como foi utilizar o que foi trabalhado no encontro anterior.

Costumo planejar em detalhes quais atividades são imprescindíveis e quais são opcionais e decido, na hora do encontro, quais vou utilizar, dependendo de como está o gerenciamento do tempo das atividades. Por esse motivo, as atividades de aquecimento e de fechamento devem ser breves. O "recheio" do encontro é onde se concentra a maior parte do conteúdo.

Sempre que possível, abro espaço para que os participantes tragam suas questões reais. Isso é mais fácil quando se trata de um atendimento individual porque acaba sendo desenvolvido um trabalho "sob medida". Quando é um grupo, gosto de compartilhar pelo menos os temas de cada encontro com todos para garantir a corresponsabilidade e a possibilidade de apresentar algum novo conteúdo que proporcione reflexão e aprendizado.

É preciso fazer um planejamento cuidadoso (mesmo que seja alterado na hora da execução) para você ter consciência dos pontos principais do encontro para uma "reflexão na ação" (baseado em Schön), isto é, por exemplo, "ter a capacidade de prestar atenção a um aluno, mesmo em uma turma de trinta, tendo a noção do seu grau de compreensão e das suas dificuldades." Apenas um educador parental profissional reflexivo poderá educar pais e mães também reflexivos.

Como eu particularmente acredito na metodologia da "REFLEXÃO, AÇÃO E TRANSFORMAÇÃO", procuro incluir uma série de vivências e perguntas (em todos os formatos que utilizo) e convidar os participantes a "buscarem em seus cérebros" as respostas para que possam aprender a refletir e a resolver problemas.

Durante o encontro, lembre-se de manter o foco nos objetivos que foram definidos a partir das necessidades do seu público. Saiba com clareza quais são os assuntos necessários de que você não pode abrir mão porque isso vai te ajudar a definir as prioridades e o que não pode deixar de ser trabalhado, ali, no momento em que o encontro está acontecendo.

Mas, como imprevistos acontecem, é importante ter flexibilidade e criatividade para mudar. Por isso, sugiro também ter um "plano B", isto é, o que fazer se faltar ou sobrar tempo, se os equipamentos não funcionarem, se muitos participantes de um grupo faltarem etc. Sempre que possível, procure definir com antecedência o que você não pretende descartar e saiba qual é a atividade prioritária do seu planejamento. Quando for preciso rever e até descartar alguma atividade, é necessário abrir mão do controle de que "tem que ser desenvolvido como foi planejado", principalmente se for um atendimento individual, no qual você está oferecendo o curso sob medida.

Quando você tem conhecimento do conteúdo a ser trabalhado, você sente (e demonstra) autoconfiança e calma e pode sintetizar o que é realmente importante para seu público. Ajuda se lembrarmos de focar menos no *ensino* e mais na *aprendizagem* e *necessidade* dos pais e mães.

Exemplo pessoal – Eu costumava começar meus cursos para pais e mães distribuindo fichas para que escrevessem suas expectativas etc. Certa vez, em um novo grupo de mães com muita vulnerabilidade social, percebi rapidamente que algumas não sabiam escrever. Praticamente "ignorei" os materiais e atividades que eu tinha planejado, pois era tudo muito baseado em texto escrito, e adaptei para uma roda de conversa, onde encorajei a troca de experiências e relatos espontâneos. Foi ótimo! Logo estavam participando e enxergando outras possibilidades para seus desafios.

CLIMA DE APRENDIZAGEM E VÍNCULO COM O PÚBLICO

Eu acredito que o ambiente ou clima de aprendizagem, no qual pais e mães vão abrir seus corações e procurar aprender conteúdos que os ajudem a lidar com os inúmeros desafios da parentalidade, precisa ser de muito respeito, compreensão e favorável à interação e à reflexão.

Como já disse anteriormente, é fundamental que o educador parental consiga estabelecer, desde o início, uma relação ou conexão com as mães e pais – participantes de um curso – que é baseada em confiança e respeito. É quando o participante se sente capaz, competente e compreendido. Dá-se o nome de *rapport* para essa conexão. Cria-se um vínculo ou elo de empatia, confiança e confidencialidade para que o pai/mãe se comunique com menos resistência.

Vou apresentar algumas maneiras de estabelecer *rapport*:

- Estar presente com foco e atenção, deixando seus problemas pessoais e afazeres fora desse espaço/momento com o seu público.
- Apoiar, acolher, escutar ativamente (em silêncio) mais do que falar.
- Demonstrar interesse genuíno por cada um dos participantes em um curso.
- Demonstrar curiosidade em querer saber mais sobre eles. Por exemplo, perguntar: "Como você se sentiu quando isso aconteceu? O que fez/disse? O que você aprendeu com isso?"
- Observar em cada participante o tom de voz, a expressão facial, a linguagem corporal, além das palavras expressas por eles.
- Saber a hora de apenas ouvir com empatia sem comentar nada, nem julgar ou avaliar.

- Convidar os participantes a buscarem as respostas em vez de você dar todas as respostas ("ensinar a pescar").
- Encorajar para que eles participem do curso, criando oportunidades a fim de que "tenham voz" e confiança para expressar sua opinião.
- Encorajar a cooperação entre eles, em vez da competição, comparando-os. Afinal, nós aprendemos muito uns com os outros.
- Valorizar e respeitar o que cada um pensa e o que faz. Somos diferentes e aprender a respeitar os diferentes ritmos e saberes, sem julgamento, é no mínimo, esperado de líderes competentes.
- Criar espaço seguro, de confiança para serem verdadeiros e vulneráveis. Fazer acordo de confidencialidade, por exemplo.
- Ter expressão facial acolhedora – sorrir com naturalidade, estabelecer contato visual.
- Aproximar-se fisicamente – até talvez tocar, abraçar, se couber (culturalmente) onde você atua.
- Demonstrar cuidado, preparação, organização, por exemplo, ter as cadeiras e todos os recursos previamente preparados para recebê-los (crachás, lista de presença, materiais do curso).
- No primeiro encontro de um grupo (quando forem vários), reservar espaço para apresentações e talvez definir funções (atividades que os participantes podem assumir, como escrever no quadro, distribuir materiais, controlar o tempo etc.), pois isso cria senso de comunidade e pertencimento.

- Deixar claro quais são as suas expectativas e conhecer as deles – fazer acordos juntos, alinhar as expectativas, definir a rotina de trabalho. E rever os acordos, sempre que necessário.
- Envolvê-los nas atividades, convidando-os a pensar, refletir (perguntando, questionando).
- Demonstrar que você se importa com eles e que é um prazer estar ali com aquelas pessoas, compartilhando aquele tempo juntos.
- Tratar todos da mesma maneira respeitosa e justa – ao mesmo tempo que respeita a individualidade de cada um, você demonstra respeito por todos.
- Abrir espaço para trazerem dúvidas, fazerem perguntas, trocarem percepções e cometerem erros.
- Pacientemente, dar instruções para as atividades de uma maneira clara e objetiva, explicando o passo a passo e, sempre que possível, demonstrando como fazer.

Quando o clima de aprendizagem é favorável, a energia é positiva e todos têm uma sensação de satisfação em estar ali.

Uma outra maneira eficaz para favorecer um clima de aprendizagem é a utilização intencional de variados recursos com seu público.

RECURSOS DE ENSINO

Vou utilizar a palavra *recursos* aqui como sinônimo de materiais. E quero começar lembrando que *nós* somos o principal recurso de ensino quando conduzimos um curso, *workshop*, atendimento ou palestra.

A nossa *voz*, por exemplo, nós a utilizamos para comunicar, fazer perguntas, contar histórias, dar exemplos, dar explicações... O tom pode convidar à participação do outro ou afastar esse interesse.

O nosso *corpo* também "fala", daí a importância de cuidar dos gestos, da expressão facial, estabelecer contato visual e conscientizar-se de que toda a linguagem corporal pode ajudar a estabelecer *rapport*.

No caso de um curso ou palestra para um grupo, recomenda-se variar a posição – levantar-se, sentar-se, caminhar ou apenas movimentar-se para aproximar-se fisicamente de todos os participantes. Aliás, cuidado para não ficar sempre no mesmo local para não ficar "monótono" ou, ao contrário, movimentar-se demais porque isso distrai os participantes.

O *espaço físico* é outro importante recurso de ensino. E será muito mais acolhedor e convidativo se estiver organizado, limpo, tiver temperatura agradável, cadeiras confortáveis e arrumadas (de preferência em um círculo onde todos possam se enxergar), tiver espaço e conforto para trabalhos em duplas ou pequenos grupos e acústica adequada.

Vale lembrar que, no formato on-line, com grupos grandes, você pode utilizar as salas simultâneas para que eles se sintam seguros divididos em pequenos grupos e para garantir esse mesmo clima de aprendizagem já mencionado.

E são diversos os recursos tecnológicos que podemos utilizar:

- Para anotações – blocos de notas, lousa, *flipchart*, quadro digital etc.
- Para apresentar informações – telão, projetor, telas individuais em monitores, *tablets*, *smartphones*, *banners* etc.
- Para acolher, entreter e informar – música, vídeos, textos, livros, fichas etc.

Por fim, o grande segredo do sucesso está na *variedade*:

- dos materiais;
- das atividades – nem muito longas e nem curtas demais; que usem a razão e a emoção etc.;
- dos tipos de interação – educador e grupo todo, trabalho em pares, trabalho em pequenos grupos, trabalho individual etc.;
- do tempo e ritmo das atividades – algumas mais agitadas e logo em seguida atividades que acalmam;
- do foco do trabalho – às vezes mais reflexivo e às vezes mais emocional;
- da sua posição, ritmo da voz etc.

Percebam que conduzir bem um atendimento ou um curso para pais não significa necessariamente realizar tudo o que está no planejamento. É natural ter uma sensação de satisfação pelo cumprimento de metas, mas nosso foco como educadores parentais é atender às necessidades dos pais, compartilhar conteúdos e estratégias relevantes para empoderá-los. Portanto, é necessário ter pensamento ágil para saber lidar com contextos incertos e ter a capacidade de fazer mudanças. É sobre isso o próximo capítulo.

PERGUNTAS DE AUTORREFLEXÃO

Quando estiver na hora de dar o curso ou fazer o atendimento para pais, sugiro fazer essas duas perguntas para os participantes do seu curso/atendimento, no final, a fim de saber o que acharam:

- O que foi bom?
- E o que pode melhorar?

As perguntas a seguir são para você. Sugiro que as leia antes do evento e responda apenas depois:

1. **Você conseguiu estabelecer rotina de trabalho?**
2. **Você planejou as atividades a partir dos objetivos e conteúdos relevantes para seu público? Sabe/soube focar no que é imprescindível trabalhar?**
3. **Como está o *rapport* com seu público?**
4. **Você preparou e utilizou variados recursos de ensino?**

CAPÍTULO 12

SABER LIDAR COM SITUAÇÕES E PARTICIPANTES DESAFIADORES

Os maiores desafios desta profissão são o fato de muitos ainda não conhecerem quem é o educador parental e acreditarem que não é preciso estudar para criar filhos.

Para resolver esses desafios, eu acredito que a melhor estratégia é nos unirmos. "Juntos, vamos mais longe."

Estamos no início de um grande movimento, que, sinceramente, espero que cresça ainda mais pelo Brasil e pelo mundo: o da força da educação parental para educar pais, impactar famílias e gerações. Mas, enquanto houver esse desconhecimento sobre a atuação desse profissional, teremos a resistência natural e a dificuldade para divulgar nosso trabalho.

Isso felizmente está mudando com iniciativas diversas, como: congressos, comunidades e outros cursos de formação de educadores parentais. Como já disse, torço para que hoje, neste momento em que você está lendo este livro, tenhamos políticas públicas, regulamentação para a profissão do educador parental e maior conscientização de toda a sociedade brasileira quanto à importância da profissão.

Quando comecei a atuar tão insistentemente na área parental no Brasil, há pouco mais de dez anos, ainda tinha muita dificuldade para conseguir lotar uma turma com mães e pais nos workshops em livrarias ou nos grupos em condomínios. E, pouco depois, quando comecei a dar cursos de certificação para educadores parentais em Disciplina Positiva, muitas pessoas perguntavam: "parental? O que quer dizer essa palavra?" Depois de vários anos e milhares de pessoas certificadas em cursos comigo, percebo que o mercado está diferente. Há mais informação e demanda.

Saber lidar com situações difíceis nos cursos e atendimentos é também um grande desafio. Por haver um desconhecimento sobre o escopo da profissão, muitos participantes vão com expectativas irreais para um curso ou atendimento e acabam se frustrando e resistindo às orientações dos educadores parentais.

Por isso, neste capítulo, vou focar exclusivamente nessa gestão de participantes, muitos dos quais estão desconfiados e resistentes e sentem-se desconfortáveis quando percebem que alguns problemas que estão tendo com os filhos são causados por atitudes suas.

Como não é possível prever todas as situações que podem ocorrer, vou focar nas atitudes dos educadores parentais que podem estimular ou prevenir algumas dessas situações, antes de trazer exemplos práticos.

Você já parou para pensar que a nossa atitude como educadores parentais pode estimular alguns comportamentos desafiadores nos participantes de um curso?

A seguir, uma lista do que não é recomendado fazer enquanto educador parental:

- dar ordens
- exigir
- forçar
- obrigar
- convencer
- "consertar"
- avaliar
- julgar
- criticar
- cobrar
- ridicularizar
- usar de ironia ou cinismo
- reclamar
- brigar
- exigir perfeição
- falar demais

Bom, pelo menos não se você quiser ser um exemplo de atitude respeitosa e positiva.

Exemplo pessoal: Eu sei que falo demais nos cursos – não sei se é porque eu sou professora e professores gostam de falar, mas como educadora parental, eu estou em um exercício constante de controlar a minha vontade de comentar cada fala dos participantes nos meus cursos, como se eles precisassem do meu aval ou saber da minha opinião... Tenho procurado beber água enquanto eles falam para ocupar minha boca e evitar falar demais.

Como nós já vimos, essas atitudes mencionadas não encorajam o *rapport* e não criam clima de aprendizagem. Vamos rever brevemente quais são os estilos de liderança mais frequentes e como podem afetar nas atitudes dos participantes de um curso.

OS TRÊS ESTILOS DE LIDERANÇA MAIS COMUNS

Liderança autoritária

Infelizmente existem líderes que, em cursos ou atendimentos, adotam essa postura mais rígida e autoritária e agem como se fossem superiores, acreditam que estar no comando significa impor sua vontade – o modo "correto". Costumam ser inflexíveis e querem controlar tudo e tomar todas as decisões.

Esse estilo de liderança pode gerar nos participantes uma sensação forte de culpa e vergonha, porque vão achar que estão fazendo tudo errado e que eles são os errados. E, pior, podem acreditar – por causa dos exemplos de sucesso desse líder – que existem profissionais, pais, mães e filhos perfeitos (já vimos que não). Alguns participantes podem se sentir convidados a entrar em uma "luta de poder" com esse líder e o pior é que tipicamente não há estabelecimento de vínculo ou *rapport* entre eles.

Liderança permissiva

São líderes considerados fracos, molengas, "capachos" porque não costumam respeitar a si mesmos, apenas aos outros. Cedem facilmente aos desejos dos participantes, o que pode inicialmente agradá-los porque sentem-se no controle da situação, mas acabam não desenvolvendo todo o seu potencial. Não sabem dar limites nem fazer ou supervisionar o cumprimento de acordos.

Alguns participantes podem não aprender a seguir regras, ter limites, cumprir suas responsabilidades ou esforçar-se. Dificilmente desenvolvem autonomia, pois não aprendem a resolver problemas.

Liderança autoritativa

É um tipo de liderança na qual existe corresponsabilidade, cooperação, respeito mútuo, encorajamento e empatia. O líder é autoridade, mas é flexível e vai procurar fazer acordos e buscar soluções com o grupo. Erros são vistos como parte do processo e as pessoas podem assumir e aprender com seus erros para não repeti-los. Essa é a liderança que conquista a colaboração e os participantes se sentem pertencentes, responsáveis, incluídos, importantes, capazes e ouvidos.

Líderes *autoritativos*, entre outras atitudes, sabem:

- liderar com gentileza e firmeza;
- tratar os outros com respeito e igualdade;
- encorajar;
- estabelecer padrões realistas;
- reconhecer o esforço e não apenas realização;

(descrições inspiradas no quadro sobre estilos parentais do livro *"Autoconsciência, aceitação e o princípio do encorajamento*, de Lott, L. e Mendenhall, B).

Você provavelmente já sabe que um dos assuntos mais importantes que educadores parentais precisam estudar são os *estilos parentais* e quais são os efeitos em curto e longo prazo de cada estilo no desenvolvimento de habilidades de vida e socioemocionais nos filhos. Observem que os *estilos de liderança*, os *estilos de ensino* e os *estilos parentais* se assemelham. Tal como os efeitos em longo prazo de uma liderança com esse ou aquele foco. Propositalmente não abordei o estilo *negligente*, porque negligência não "combina" com educação parental. Portanto, quanto mais consciência temos sobre nossas atitudes, melhores relacionamentos podemos ter.

Descrevo, a seguir, exemplos de participantes desafiadores e na sequência alguns exemplos e dicas práticas para evitar alguns confrontos e situações desgastantes.

EXEMPLOS DE PARTICIPANTES DESAFIADORES E COMO LIDAR COM ELES

1. Os que falam DEMAIS

São os que gostam de contar casos, sempre trazem seu exemplo pessoal etc. A contribuição dos participantes é muito bem-vinda, o problema é quando eles querem ser o "centro das atenções", quando eles falam tanto que acabam roubando o espaço de participação de outras pessoas. Nós precisamos aprender a INTERROMPER. Alguns exemplos:

"Desculpe interrompê-lo, mas eu avisei que essa atividade ia durar 5 minutos e já passamos esse tempo..."

"Então, eu preciso realmente interrompê-lo agora – a gente volta depois nesse caso. Se você quiser compartilhar comigo depois vai ser um prazer conversar no intervalo."

"Com licença, eu vou te interromper porque esse ponto nós vamos ver tal dia/daqui a pouco/mais para a frente no curso."

"Eu sinto muito, mas eu vou te interromper porque nós combinamos que eu só ouviria o relato de duas pessoas agora. Anota para não esquecer sua questão ou comentário para voltarmos nela assim que possível."

Dicas:

- Avisar quanto tempo vai dedicar para ouvir comentários ou dúvidas.
- Avisar quantas pessoas você vai ouvir.
- Combinar um momento da sessão/aula (início, fim ou após intervalos) – para ouvir perguntas, comentários.
- Pedir a alguém que ajude a controlar o tempo e deixar essa pessoa interromper dizendo que o tempo para aquela atividade terminou.

2. Os que nunca falam NADA

Esses são aqueles participantes mudos. Como lidar?

- Ter empatia e compreensão – é importante se colocar no lugar daquela pessoa que talvez esteja quieta por algum motivo pessoal.

- Conectar-se com essa pessoa individualmente para motivá-la, encorajá-la a compartilhar também as suas reflexões, os seus medos com você.
- Incluir atividades em duplas e pequenos grupos e observar se, nesse caso, esse participante fala.
- Em um curso presencial, aproximar-se fisicamente dessa pessoa e, se possível, se sentar do lado dela. De longe, manter também a conexão através de um sorriso, um olhar empático ou uma piscada.

3. Os que perguntam MUITO

São aqueles participantes que trazem várias listas de perguntas sobre os desafios com o filho (isso, em um grupo pode roubar tempo de fala dos outros participantes do curso).

Dicas:

- Ter empatia porque pode ser desespero, ansiedade, nervosismo, vontade de resolver todos os problemas imediatamente...
- Lembrar que não é seu papel responder a todas as perguntas.
- "Devolver a pergunta": "Interessante. O que VOCÊ acha disso?".
- Trazer a pergunta para o grupo: "Levante a mão quem já passou por isso." Se tiverem várias mãos levantadas, diga: "E quem gostaria de dar alguma sugestão para a colega?".

- Adiar: "Eu vou dar uma atividade/ensinar uma estratégia que acho que pode ser útil para esse seu problema, então fique atenta!".
- Oferecer para um tempo limitado para uma conversa individual: "Vamos conversar sobre isso hoje por uns 10 minutos, assim que o encontro acabar?".

4. Os que pedem coisas que são INADEQUADAS

São geralmente aquelas situações que você precisa dizer não. Você pode dizer:

"Sinto muito, eu não posso atender o seu pedido."

"Puxa, isso não vai ser possível porque [eu quero respeitar os direitos autorais dos autores/editora...]."

"Eu entendo a sua necessidade de [trazer a sua babá], mas não posso permitir que [cada participante traga uma pessoa no curso nem fazer uma exceção para o seu caso]."

"Eu entendo o seu ponto de vista, mas isso não está alinhado com o que nós combinamos no primeiro dia."

Ou, se for o caso de considerar aquele pedido ou ter mais tempo para refletir sobre a questão, você pode dizer:

"Eu preciso pensar e volto a te dar uma resposta na próxima aula/sessão."

5. Os que querem defender MUITO algo

Você pode simplesmente ouvir a explicação da pessoa e não comentar nada, mas talvez você discorde totalmente e queira se posicionar:

"Olha, nós temos opiniões diferentes sobre esse assunto. Você quer conversar sobre isso/ouvir meu ponto de vista?" Não faça esse convite se não puder abrir esse tempo na sua agenda. Se a pessoa disser não, não fale nada.

"Obrigada por compartilhar a sua opinião/o seu ponto de vista. Eu não penso da mesma forma./Penso diferente/ Eu discordo de você porque [...]."

"Eu respeitosamente discordo de você porque [eu tenho conhecimento de pesquisas acadêmicas que relatam os resultados negativos em longo prazo desse tipo de atitude agressiva na infância]."

Dicas:

- Lembrar que não é nosso papel convencer ninguém! Quem disse que você é o juiz e decide quem/o que está certo e quem está errado?
- Não entre em uma "luta de poder".
- Demonstre curiosidade, querer saber mais – o ponto de vista do outro. Você pode perguntar/dizer: "Eu não entendi – você pode me dar um exemplo/ você pode me contar mais/eu gostaria de entender melhor o seu ponto de vista/me conta por que você acha isso."

6. Os céticos/desconfiados

São aqueles participantes que muitas vezes te olham com olhar de desaprovação, fazem caretas, se mexem na cadeira – nem sempre falam que estão duvidando do que você está falando...

Quando admitem que vieram para o curso, mas não acreditam naquele jeito de educar, você ainda pode dizer:

"Seja bem-vindo! Vai ser um prazer conhecer o seu ponto de vista!"

Dicas:

- Lembrar que essas pessoas desconfiadas nos dão a oportunidade de falar sobre a nossa paixão, vir desse lugar de encorajamento, não de arrogância.
- Lembrar que é muito difícil querer de verdade mudar e ter consciência de que a mudança é necessária. É preciso ter compaixão com esse tipo de participante. Você não tem o objetivo de convencê-los, nem forçá-los a admitir que está sendo difícil mudar.
- Você pode só agradecer: "Obrigada pelo seu depoimento/pela sua honestidade. Por ter compartilhado [seus sentimentos] conosco."
- Você pode falar: "Eu não estou aqui para forçar ninguém a nada, para convencer ninguém de nada. Você não precisa acreditar em mim." (Essa frase é poderosíssima: "você não precisa acreditar em mim.")

Exemplo pessoal: Eu já fiz o seguinte relato pessoal para todos em um grupo – sem olhar para uma única pessoa: "Estou trazendo informações que fizeram sentido para mim, para minha vida familiar (minha relação com a minha filha e enteados) e eu tenho percebido que fazem sentido para outras pessoas também. Agora, por favor, vocês não precisam acreditar em mim. Minha sugestão é que vocês testem algumas dessas ferramentas."

7. Os que culpam os outros

São aqueles participantes que dizem: "Eu estou fazendo tudo o que você está falando, mas o meu marido/a minha sogra/a babá não!! O que eu faço?"

Dicas:

Eu costumo responder: "Tá tudo bem, você vai ensinar pelo seu exemplo com as crianças. E é um benefício para as crianças conhecerem estilos de liderança diferentes/pessoas diferentes e aprender a lidar com personalidades diferentes. Essas pessoas estão preparando seu filho para a vida."

Ou: "Você não consegue mudar o outro. Apenas a si mesma. Você pode apenas fazer o seu melhor e garantir a sua conexão com o seu filho."

8. Os que gostam de uma conversinha paralela

Em cursos presenciais, é muito frequente duas ou três pessoas se engajarem em conversas paralelas e às vezes nem perceberem que atrapalham a atenção dos outros.

Dicas:

- Eu gosto muito de interromper a conversa "delicadamente": eu costumo, por exemplo, em um curso presencial, me aproximar fisicamente dessas pessoas. Eu saio de onde estou e vou lá perto e continuo a falar, faço perguntas a todos para ter silêncio, ou coloco a mão no ombro dessa pessoa...
- Se precisar, porque essas conversas estão prejudicando o grupo, depois do encontro, eu me aproximo de quem eu percebi que é a pessoa que está falando e pergunto se aquela pessoa gostaria de compartilhar o que estava conversando com o colega durante a aula comigo – se é alguma dúvida ou *feedback*. E comento que notei que o fato de terem ficado conversando distraiu a atenção de alguns colegas.
- Não fazer "shshsh" – isso não é respeitoso.

9. Os que chegam atrasado ou saem mais cedo ou os que faltam

São pessoas que não prezam pela pontualidade e assiduidade e não percebem que isso afeta o trabalho em grupo.

- Enquanto educador parental, você não vai dar nota, nem aplicar prova porque é um curso de autodesenvolvimento, de autoconsciência; então, você pode até perguntar em particular para esse aluno:

"O que aconteceu que você chegou mais tarde hoje?"

"Puxa, que pena que na aula passada você saiu mais cedo."

"Eu reparei que você ficou bastante tempo com a câmera fechada. Está tudo bem?" (cursos on-line ao vivo)

Isso mostra um genuíno interesse em saber o que está passando na vida daquela pessoa. Cuidado para não soar como uma crítica ou cobrança porque cada um vai participar como pode. São escolhas, prioridades.

Tomara que você esteja dando um curso tão interessante que os participantes façam o seu melhor para não se atrasar, não faltar e queiram participar ativamente.

Espero que no seu curso você não tenha muitos participantes desafiadores. Agora, quando tiver, aproveite a oportunidade e aprenda com eles a se tornar um profissional cada vez melhor – resiliência.

Lembre-se de que cada um está fazendo o que pode, dentro das condições que tem. Compaixão.

PERGUNTA DE AUTORREFLEXÃO (PARA QUEM JÁ DEU ALGUM CURSO PARA MÃES E PAIS)

1. **Qual é o seu estilo de liderança em um curso para mães e pais?**

Você tem uma tendência a querer convencer, avaliar os participantes, querer "consertar" aquela família, impor o seu jeito? Ou você tem uma tendência a sentir pena deles e acaba fazendo tudo por eles e para eles, até deixando falar o encontro todo, desabafar (os "coitadinhos")? Você tem dificuldade para interromper, dizer não, discordar?

CAPÍTULO 13

CUIDAR DA SUA EDUCAÇÃO CONTINUADA

Seu desenvolvimento profissional está relacionado a quanto você consegue avaliar sua performance e cuidar da sua educação continuada.

A essa altura, você já deve ter percebido que, como educador(a) parental, não vai mais parar de pesquisar, estudar e refletir. Educadores parentais não trabalham apenas enquanto estão com os pais e mães.

Como já vimos nos capítulos anteriores, você precisará fazer isso *antes*, *durante* e *depois* do seu curso/*workshop*/atendimento:

- **Antes** – você PLANEJA – Nesse momento, "antes da ação", você pesquisa conteúdos, estratégias/atividades, materiais etc.; estuda profundamente o assunto que definir para seu curso e decide (para cada fase da aula/encontro/sessão) o que e como fazer.

- **Durante** – você EXECUTA – Nesse momento, "na ação", você observa e reflete sobre como está o andamento da aula/curso/atendimento para fazer possíveis alterações na hora ou depois. Ouvir os comentários e *feedback* dos participantes ao avaliar informalmente seu interesse e aproveitamento nos encontros ajuda.
- **Depois** – você REFLETE, AVALIA e REPLANEJA – Novamente, vou me inspirar em Schön (2000), para trazer a importância de também "refletir sobre a reflexão na ação": depois do evento, você consegue pensar criticamente para avaliar o cumprimento das metas e replanejar, isto é, decidir o que manter para os próximos eventos, por exemplo. Afinal, é assim que podemos desenvolver a flexibilidade mental necessária para aprender sempre ao longo da vida toda (*lifelong learning*).

Estudar é primordial e você precisará ESTUDAR para conhecer:

- o ASSUNTO dos seus cursos/*workshops*/atendimentos – que é criação de filhos.
- o SUJEITO dos seus cursos – pais, mães, famílias.

Esse CONHECIMENTO (do assunto e do seu público) é o seu PRODUTO, educador parental!

Adquirir esse conhecimento é um processo longo, que vai exigir foco, persistência, dedicação e investimento. Não basta um curso, um livro, um certificado.

Três dicas para a educação continuada de um educador parental:

1. Ter uma atitude de pesquisador (Giroux, 1997, Liberali, 2012):

    - Ter rotina de estudos e não ser engolido pelo dia a dia.
    - Investigar o que e como você tem planejado/executado e avaliado seu curso/*workshop*/atendimento.

2. Ter uma postura de profissional reflexivo.

    - Para pensar em maneiras de melhorar o seu desempenho. Ter conhecimento das suas forças e limites será necessário para definir se você precisa de ajuda, rever suas prioridades e focar em soluções.
    - Utilizar instrumentos de reflexão:
        - fazer anotações durante a aula/encontro;
        - fazer gravação em áudio ou vídeo da aula/curso;
        - utilizar pesquisa (entrevista e/ou questionário) com os pais dos seus cursos/atendimentos – para receber *feedback* deles sobre o curso (conteúdo, atividades/estratégias utilizadas, formato, duração, materiais/plataforma utilizada etc.) e sobre a sua atuação (*rapport*, gerenciamento de turma, exemplo de liderança autoritativa etc.).
        - pedir *feedback* para colega educador parental que tenha feito/dado o curso/*workshop* com você.

3. Replanejar – a partir da sua pesquisa e reflexão, você vai reparar seus erros e colocar em prática as "lições" aprendidas.

O caminho para o desenvolvimento implica muita PRÁTICA e REFLEXÃO. O resultado é que, com esse *feedback* e autovaliação, você vai desenvolver autoconhecimento e trabalhar sua autonomia profissional.

> **Exemplo pessoal:** Eu costumo pedir *feedback* aos participantes dos meus cursos – descobri que quando peço que escrevam uma linha sobre "o que levam do curso" ou "o que aprenderam naquele dia", ou ainda "quais serão seus próximos passos", funciona como um mini "plano de ação". É encorajador para quem pretende colocar aquele conhecimento em prática e me ajuda a refletir sobre meu trabalho.

Sugestões de ações realizadas por pessoas bem-sucedidas que buscam utilizar todo o seu potencial. Reflita sobre cada um dos itens a seguir:

1. Definir suas metas profissionais – para que sejam realistas e alcançáveis.

   Determine metas diárias, semanais, mensais e anuais.

   Exemplos:
   - Diárias: ler/estudar por 30 minutos.
   - Semanais: participar ativamente de um curso/grupo de estudos/comunidade.
   - Mensais: planejar um *workshop* para pais e/ou mães.
   - Anuais: participar de um congresso relacionado à parentalidade.

2. Definir suas prioridades na vida – pessoal e profissional.Definir para poder planejar seu tempo e investimento.
3. Aprender a assumir riscos. O que você vai tentar fazer/arriscar? (Use de sua sabedoria interna, além de seu autoencorajamento, lembrando que sempre podemos aprender com nossos erros.)
4. Aprender a administrar seu estresse. Como você tem diariamente cuidado da sua saúde física e emocional? Você sabe relaxar?

PERGUNTAS DE AUTORREFLEXÃO

1. **O que você tem feito para desenvolver-se profissionalmente?**
2. **O que você vai fazer para desenvolver-se profissionalmente? Planeje ações concretas – trata-se do planejamento da sua educação continuada.**

CAPÍTULO 14

SER ÍNTEGRO

Escolhi essa competência para finalizar porque integridade é algo muito sério. E o nosso papel como educadores parentais também é muito sério e importante.

Vamos educar pais, ouvi-los, apoiá-los, ajudá-los, orientá-los. Nossa atuação é muito importante – um educador parental influencia vidas. Dependendo da forma como você se relaciona com os pais e mães que atende você cumprirá o seu papel ou não. Você poderá afetar não só um pai ou uma mãe, mas também os filhos, provavelmente uma família inteira, talvez até uma comunidade, gerações.

Uma pessoa íntegra é tida como responsável, tem crenças bem alinhadas, convicções bem definidas e um alto nível de dedicação ao que se propõe a fazer.

Ser íntegro é um pré-requisito básico para viver bem em sociedade. Estamos falando de coerência, consistência, honestidade, ética, ter a generosidade de ser verdadeiro com as pessoas.

Vou dar alguns exemplos (reais e pessoais) de como podemos demonstrar nossa integridade e coerência.

Hoje em dia tudo o que eu ensino, todos os cursos que eu dou, tem algo da Disciplina Positiva. Eu me encontrei nessa abordagem. Fez sentido para mim – os conceitos, a base teórica, as ferramentas práticas e eu sempre assumo que não estou inventando aquilo. Afinal, depois de ter lido (estudado!) todos os livros que existem sobre Disciplina Positiva, ter traduzido para o português sete deles, e ter me tornado trainer em Disciplina Positiva, sinto confiança para me referir a essa abordagem e citar a fonte. Isso parece bobagem, mas é um exemplo de integridade. Infelizmente, algumas pessoas que aprenderam sobre parentalidade nos livros e cursos de Disciplina Positiva agem como se tivessem "inventado a roda".

Vou dar outro exemplo: porque eu estou na área de educação há mais de quarenta anos, fiz inúmeros cursos e estudei profundamente a Disciplina Positiva, eu acabei ficando meio "generalista", isto é, os pais e mães fazem as perguntas sobre os assuntos mais diversos para mim. Às vezes chegam umas perguntas que eu não sei responder, e sinto que não posso ajudar aquela mãe. Sou honesta. Uma vez me perguntaram sobre o filho que não queria se desfazer das suas coleções e eu sou a pessoa mais "apegada" que eu conheço – quase uma acumuladora! Falei isso para a mãe que me perguntou e até rimos.

Algumas vezes me perguntam sobre masturbação e outras dúvidas sobre sexualidade infantil – eu posso até dar algumas dicas da Disciplina Positiva (aliás, no livro de A a Z tem um capítulo maravilhoso sobre isso) e citar a fonte – seria ética. Mas a verdade é que eu acho mais responsável indicar profissionais que eu sei que estão se debruçando neste assunto, que sempre falam sobre sexualidade infantil.

Por isso, insisto tanto para que você defina um "nicho": um assunto que você goste de estudar e um público que se beneficiaria com esse conteúdo. Dessa maneira, você se sentirá bem confortável para orientar pais e será uma pessoa íntegra, correta.

Outro exemplo: várias vezes os pais que me procuram querem que eu vá na casa deles conhecer os filhos e atuar, ali, na hora, com o filho que tem algum comportamento desafiador. Tipo aquele programa de televisão da "nanny". Tenho que explicar que eu não trabalho assim. Não preciso conhecer os filhos deles porque meu trabalho naquele momento é com eles, adultos – como educadora *parental* e não *infantil* ou *juvenil*.

Eu conheço bem crianças e os adolescentes porque eu dei aula em todos os segmentos da Educação e sou professora há muitos anos. Mas, se estou me propondo a atuar como educadora *parental* –só vou atuar com pai, mãe ou figura parental – e vou focar em criação de filhos.

Já tive também mais de uma mãe que me procurou perguntando se eu atenderia seu filho adolescente. Toca eu explicar que não sou psicóloga, não sou terapeuta, não sou psiquiatra nem médica. Explico o significado do adjetivo *parental* (relativo a pais) e ofereço meu trabalho de *educadora parental* para ela com o objetivo de ajudá-la a lidar com essa fase supercomplexa e desafiadora que a adolescência pode ser. Existem limitações do meu trabalho.

Uma vez uma mãe falou que queria mesmo era algum profissional para atuar com o filho, que ela não queria fazer um curso ou ter sessões sobre criação de filhos. Então eu indiquei algumas amigas psicólogas experientes no trato com adolescentes. Não seria íntegro da minha parte insistir com essa mãe que claramente não estava aberta para refletir e talvez mudar algumas atitudes.

Já me perguntaram onde fica meu consultório. Eu corrigi: não tenho consultório – eu não sou profissional da saúde. Como educadora parental, já atendi mães e pais nos mais diversos lugares: na casa deles, salão de festas do condomínio onde moram, local de trabalho, escola dos filhos. Também já dei cursos para grupos de pais em escolas, instituições religiosas, empresas, livrarias, espaços para eventos...

Quero voltar para os exemplos de quando nossa integridade é testada.

Teve uma mãe que, depois da primeira aula de um curso de educação parental, me enviou por WhatsApp um vídeo da filha adolescente brigando com o pai – uma cena forte com gritos e empurrões... Alertei-a para as possíveis consequências de fazer um vídeo como esse. Eu perguntei a ela como acha que a filha se sentiu quando percebeu que a mãe estava gravando tudo. Perguntei como eles se sentiriam se, por engano, esse vídeo "vazasse" e viralizasse. E pedi que, se ela resolvesse gravar novamente, por favor, não me mostrasse porque eu não concordava com tal prática. Acho perigoso, invasivo, desrespeitoso e desnecessário.

Vocês terão mães e pais que pedirão um diagnóstico do filho. O pedido vem assim discreto: "Meu filho deve ter algum distúrbio, não é normal ele ser assim." E como isso é possível mesmo, eu simplesmente digo que não tenho formação para fazer uma avaliação diagnóstica e recomendo que peçam orientação na escola do filho porque eles provavelmente terão mais informações sobre o caso e poderão orientar que profissional procurar. Mães e pais atentos, que conhecem seus filhos, podem observar e suspeitar de alguma "anormalidade" e devem mesmo sempre investigar com profissionais da saúde ou da educação, dependendo do que for. Não é nosso papel como educadores parentais tentar diagnosticar o que está acontecendo com aquela criança! Não seria *responsável* da nossa parte. Uma postura profissional e íntegra é indicar quem faz essa avaliação que eles estão precisando.

Já aconteceu comigo também, mais de uma vez, em que eu estava atendendo pais e/ou mães, de trazerem questões relacionadas aos seus relacionamentos amorosos – ou para culpar o outro cônjuge por algo ou simplesmente para desabafar com alguém. Nas vezes em que isso aconteceu, eu ouvi com atenção, agradeci a confiança por ter compartilhado algo tão íntimo comigo e sugeri procurar um profissional – um terapeuta de casais ou um psicólogo clínico. Se o que foi relatado tem alguma relação com a criação dos filhos eu uso esse dado fazendo a seguinte pergunta: "Como você acha que isso que você me contou está relacionado ou afeta a educação dos seus filhos?"

E aí eu mudo o foco da conversa para a criação de filhos e não falamos mais sobre relacionamentos amorosos de adultos. Não é ético fazer papel de terapeuta de casal se você não é esse profissional.

E quando você indica um livro e a mãe/pai pergunta se você tem o livro em PDF e pode compartilhar... Saia justa. Isso acontece pouco comigo porque eu já incluo o livro que uso no material do curso que dou para os pais. E se é alguém que não tem condições de pagar pelo livro, eu geralmente faço uma doação. O que eu não posso é concordar que circulem PDFs de livros em um curso meu. Isso viola a lei de direitos autorais.

Para ser um profissional honesto, verdadeiro e íntegro, você vai precisar colocar em prática muitas habilidades socioemocionais, como empatia e coragem, e ter equilíbrio emocional porque vocês vão conversar sobre as dificuldades e os problemas da parentalidade. E, quando defende uma educação respeitosa com todos e procura ser um exemplo de respeito e ética, você naturalmente afasta dos seus cursos e atendimentos quem não compartilha dos seus valores e princípios.

Exemplo pessoal: Uma vez, atendendo um casal que se queixava muito do comportamento agressivo do filho, ouvi que eles tentaram as estratégias que eu tinha ensinado e que nada estava funcionando e que o garoto chegou a bater no pai. E que aí o pai ficou louco: bateu no garoto, trancou-o no quarto e deixou-o chorando até se cansar e dormir. Eles me contaram que acompanharam o choro do filho por uma câmera que fica no quarto do garoto – viram que ele se debateu um tanto, depois se cansou e dormiu.

Confesso que fiquei bem irritada com esse pai e com vontade de brigar com ele porque já estávamos na terceira sessão e ele ainda estava sendo um exemplo de agressividade; e ainda não tinha percebido a razão de o filho estar agindo daquele jeito. Eu cheguei a perceber que meu tom de voz se alterou e que eu estava a um passo de brigar com ele. Mas me lembro de ter respirado fundo e acho que consegui me controlar e ajudar esse pai a aprender algo com essa história. Felizmente, logo fui do meu "cérebro" para o meu "coração" e lembrei-me de que eles estavam ali, comigo, querendo aprender a fazer diferente. Retomei minha serenidade e paciência. Se criticasse o pai, eu estaria fazendo exatamente o que estava condenando!

O importante, na hora que ouvi esse relato, foi lembrar de não julgar, de ser empática e de explorar, por meio das perguntas para o pai, o que poderia estar por trás desse comportamento agressivo do garoto; e, depois, ensiná-lo a cuidar de si mesmo melhor para conseguir ter o autocontrole e a paciência que são habilidades imprescindíveis para educar os filhos.

Seria incoerente eu agir de uma forma e orientar esse pai a agir de outra: ter sido ríspida com ele e recomendar que cuidasse de si e se acalmasse antes de resolver seu problema com o filho, sem ser ríspido com o filho.

Outro exemplo: um educador parental ético, íntegro, não se apropria da fala do outro sem citar a fonte – isso é plágio e desonesto.

Olha só, não estou falando que você tem que ser um educador parental ou um pai ou mãe ou um ser humano perfeito. Isso não existe, né? Precisa ser honesto. Não sabe, assuma e indique quem sabe. Falou que ia fazer de um jeito e não fez, assuma, explique-se e tente reparar. Errou, assuma e corrija. Vamos errar e precisaremos ter a humildade e a responsabilidade pessoal e social para aprender com nossos erros e evitar cometê-los de novo.

Não é fácil, mas é preciso lembrar que nós somos um exemplo para os pais o tempo todo!

PERGUNTAS DE AUTORREFLEXÃO

1. **Você tem algum exemplo de quando foi "testado" e de como demonstrou que estava sendo íntegro, coerente, consistente e honesto? Não precisa ser um exemplo como educador parental, se você ainda não é e não está atuando – pode ser um exemplo na sua vida pessoal ou profissional.**

2. **Como você se sentiu nesta situação?**

Compartilhe comigo – vou adorar saber essa sua história.

CONSIDERAÇÕES FINAIS

A essa altura, se você aceitou meu convite feito ao longo do livro e respondeu às perguntas de autorreflexão, já deve saber se vai querer fazer parte ou não desta grande família, a dos educadores parentais.

Trouxe nessa parte final alguns dos maiores desafios e erros do educador parental para seguirmos com nossas reflexões.

DESAFIOS DA PROFISSÃO

São muitos os desafios, mas vamos lembrar que o que é desafio para uma pessoa pode não ser para outra. Vai depender principalmente da experiência pessoal e profissional do educador parental.

Nesses anos todos atuando com a formação de educadores parentais, observei que esses têm sido os maiores desafios da profissão:

1. desconhecimento da existência da profissão;
2. resistência à ideia de estudar sobre criação de filhos;
3. expectativas irrealistas do público em relação ao trabalho do educador parental;
4. dificuldade para lidar com situações e participantes difíceis;
5. dificuldade para divulgar seu trabalho e se posicionar no mercado.

Muitas pessoas desconhecem a expressão "educação parental" e, portanto, a profissão do educador parental. Precisamos nos unir e divulgar nosso trabalho.

Muitos pais e mães resistem à ideia de estudar sobre criação de filhos. Infelizmente há quem ainda acredite que criar filhos é instintivo; afinal, ao nascer uma criança, já nasce uma mãe/pai. Há, sem dúvida, um instinto natural de querer cuidar e proteger um ser tão frágil e dependente, mas como serão esses cuidados vai variar de cultura para cultura. Em algumas sociedades, os bebês são totalmente enrolados e não podem se movimentar. Em outras, são estimulados a explorar o ambiente que os cerca. Não é tão natural assim criar e educar filhos.

Resistir à ideia de estudar sobre criação de filhos é, no mínimo, incoerente porque pais e mães costumam valorizar os estudos e a busca pelo conhecimento. Sabemos que é por meio da educação que a sociedade mais atinge a mobilidade social, isto é, pessoas desfavorecidas financeiramente podem estudar, aprender algo que lhes permita conseguir trabalhos mais bem remunerados e assim ter uma vida mais confortável e digna. Se estudamos tanto para nosso desenvolvimento e aperfeiçoamento profissional (cursos técnicos, de graduação, pós-graduação etc.), não há motivo para não querer estudar para exercer uma das funções mais importantes em uma sociedade: criar e educar as crianças de hoje e preparar os cidadãos do futuro.

Acredito que essa resistência também venha de um lugar de vergonha ou desconforto em reconhecer que educar os filhos não é uma tarefa fácil. Buscar a ajuda de um profissional para algumas pessoas é como assinar um atestado de incompetência: "Eu não dou conta de educar meus filhos."

Muitos pais ainda acreditam no mito da família perfeita: temos que ser pais perfeitos, termos filhos perfeitos e quando percebemos que não somos, nos sentimos mal. *Quando percebemos* e não "*se*" percebermos, porque não existem pessoas perfeitas – nem pais, nem filhos ou nenhum ser humano.

Considero esse um dos assuntos mais importantes para ser compartilhado com os pais em cursos ou atendimentos: que vamos errar e, portanto, nosso foco não é a perfeição e sim a melhora. Pais e mães devem focar em ser sua melhor versão – não sua versão perfeita – esse ideal é inatingível.

Você receberá todos os tipos de participantes em seus cursos e atendimentos. E o seu comportamento será o tempo todo um exemplo para as mães e pais de como eles poderão lidar com os desafios em suas próprias vidas.

É urgente conhecer e alinhar as expectativas dos pais para que não sejam irrealistas. Quando seu público sabe o que esperar de você e do seu trabalho, todos focam no aprendizado sobre o universo infanto-juvenil e de conceitos e estratégias respeitosas e eficazes. Os participantes logo enxergam os benefícios de ter aquele conhecimento e experiência e não precisam resistir ou criar conflitos.

Logicamente, tudo vai depender da sua postura nos cursos ou atendimentos – não acredite no mito de que você, por ser um(a) educador(a) parental, precisa ter a tal família perfeita. Recomendo fazer um bom curso de formação, estudar, preparar-se e fazer o seu melhor!

Outro desafio do educador parental é saber divulgar seu trabalho e, portanto, encontrar seu público e vice-versa. Muitas vezes, os pais e mães também não sabem onde encontrar educadores parentais profissionais, competentes. Daí a importância de saber divulgar o seu trabalho. Foi por esse motivo que no meu programa de Formação Integral em Educação Parental incluí um módulo inteiro sobre Marketing digital; afinal, existem estratégias específicas que facilitam essa divulgação e nos permitem atingir um público maior.

AMAR O QUE FAZ – SENSO DE PROPÓSITO

Eu sinceramente espero que você também tenha a mesma sorte que eu de amar sua profissão. Isso torna o desenvolvimento de todas essas competências um processo muito mais confortável. E, geralmente, quem ama o que faz vai saber *demonstrar* sua paixão pelo assunto e *demonstrar* que está fazendo o seu melhor com as suas atitudes. Você tem um propósito – quer contribuir, deixar um legado. Vai lidar com os desafios da profissão com mais SABEDORIA (lembra do início do livro?).

Não basta sentir, é necessário saber *demonstrar* sua paixão aos pais e mães em seus cursos ou atendimentos. Isso *encoraja* outras pessoas.

No caso do educador parental, é amar *estudar* os assuntos relacionados à Parentalidade e querer compartilhar seus saberes e experiências com pais e mães da melhor maneira possível: planejando com cuidado, gerenciando as situações de aprendizagem com sabedoria e refletindo sobre o trabalho realizado.

Você só vai poder fazer o seu melhor se souber onde está na sua trajetória de vida. Certamente você já é uma pessoa melhor do que já foi um dia e será ainda melhor em um futuro próximo.

Você vai fazer o seu melhor se souber quem é; por isso eu não me canso de repetir: o primeiro passo é o *autoconhecimento*, para aí ter autoconsciência das suas emoções, nomear seus sentimentos, aprender maneiras respeitosas de lidar com eles, saber desenvolver a *autorregulação* e quando aprender a, de verdade, cuidar de si mesmo o tão importante *autocuidado,* estará pronto para desenvolver cada vez mais a sua *autoconfiança*.

Você fez o seu melhor lá no capítulo sobre autoconhecimento, para descobrir quem você é como filho(a), pai/mãe, educador(a) parental? Perguntei quais são os seus pontos fortes e pontos a melhorar. E o que você tem feito para melhorar, evoluir, além de continuar seus estudos com este livro? Está fazendo algum bom curso? Às vezes só começar a escrever e refletir sozinho já ajuda muito.

Quando perceber algo que o perturbe – os famosos desafios da vida: nossos medos, inseguranças etc., você pode sempre recorrer à sua sabedoria interna e cuidar de si mesmo ou pedir ajuda. Só aí poderá sentir *autocompaixão* porque você é humano e vai passar por momentos em que vai precisar de ajuda.

Como educador(a) parental, você precisa ter essa *autoconsciência* quanto às suas vulnerabilidades até para saber, por exemplo, que assunto você vai trabalhar com os pais, que formato combina mais com a sua personalidade para, de verdade, conseguir ter *autonomia*.

Só podemos fazer o nosso melhor com nosso público – no caso dos educadores parentais, com os pais – se temos *habilidades sociais* bem desenvolvidas, se sabemos *demonstrar* nossa *empatia* por eles, nossa paciência, se sabemos resolver conflitos, lidar com participantes e situações difíceis, focar em soluções, se somos um bom exemplo de como ter um relacionamento respeitoso e saudável.

Você só vai poder fazer o seu melhor se *conhecer bem o seu público* porque você vai fazer o que o seu público *precisa*. Vai trazer toda a sua experiência e trajetória para se conectar com eles – para poder alinhar e atingir as expectativas deles em relação ao seu curso, *workshop* ou atendimento. Quanto mais os pais e mães percebem o quanto você entende do assunto que está compartilhando com eles e o quanto você aprecia estar com eles, ouvindo suas histórias e desafios, melhor será seu trabalho e mais fácil será o aprendizado deles.

Você só vai poder fazer o seu melhor se souber *comunicar-se* de maneira assertiva – é importante para o educador parental saber fazer boas perguntas e depois saber escutar com empatia. Também saber contar histórias (de preferência, suas ou exemplos reais). Um bom jeito de demonstrar a sua paixão pelo que você faz é querer compartilhar conceitos e ferramentas eficazes para lidar com os desafios da parentalidade.

Você só vai poder fazer o seu melhor se for muito *criativo* para ensinar novas estratégias e soluções para os problemas trazidos pelos pais, assim como para divulgar seu trabalho.

Você só vai poder fazer o seu melhor se *demonstrar que ama e conhece bem o assunto* que se propõe a ensinar, se você for *curioso e gostar de aprender* – demonstrar curiosidade ao ouvir as queixas dos pais e mães, demonstrar sua curiosidade sobre assuntos relacionados à parentalidade/criação de filhos e pesquisar, estudar, fazer cursos, ler E colocar esse conhecimento na prática.

Lembra, na sua época de escola, daqueles professores que falavam com paixão sobre a matéria que lecionavam? Eles tinham um olho que brilhava. É igual o brilho dos olhos das crianças pequenas! Reflete a curiosidade e alegria delas de aprender sobre as coisas do mundo – e como as crianças pequenas têm pouco tempo de vida, elas têm muito o que aprender... Como está o brilho do *seu* olhar? Você *demonstra* a sua paixão pela profissão?

Pessoas que amam o que fazem parecem demonstrar que encontraram o seu propósito, sua missão, que realizaram um sonho, que são mais felizes.

Você só vai poder fazer o seu melhor *se for corajoso* e demonstrar que coragem não é falta de medo, é agir apesar do medo! Os pais e mães precisam do nosso exemplo a fim de sentirem coragem para eles também fazerem o seu melhor.

Até porque você só vai poder encorajar se se sentir com coragem, encorajado. E já vimos que o educador parental precisa saber encorajar, motivar, inspirar, sem medo de errar (porque vai errar e aprender com seus erros para errar cada vez menos).

Você só vai poder fazer o seu melhor se for *íntegro*, *honesto*, *ético*, *verdadeiro*, *coerente*, *responsável* e *comprometido*, demonstrar na prática seus valores morais e também um alto nível de dedicação ao que se propõe a fazer. Viver o que falamos – colocar em prática o que estudamos e sugerimos aos pais e mães.

Amar o que faz e fazer o seu melhor não significa perfeição!

Não é sobre querer ser perfeito. Ou querer que os pais sejam perfeitos ou que os filhos sejam perfeitos. Só queremos ser *melhores*. Focar em relações mais saudáveis.

Cuidado para não cair naquela "síndrome do impostor" – porque você está falando de parentalidade e às vezes ainda tem desafios com seus próprios filhos. Sim! Isso vai acontecer porque você é humano. Vai ter dias que não estará bem, vai perder a cabeça, estar mais impaciente... Por isso, o segredo para *você fazer o seu melhor* é ter *autocompaixão e autocuidado*. É acolher os seus medos, os seus fracassos, a sua *vulnerabilidade*, ter humildade e não a arrogância de quem já estudou muito, de um sabe-tudo, de um especialista.

Eu sei que parece difícil, depois de você já ter percorrido um longo caminho e ter estudado tanto, ter a simplicidade e a humildade de querer continuar aprendendo, mas lembra aquela história de que quanto mais sabemos mais sabemos que pouco sabemos?

"Experts" não criam vínculos com pais e mães. Você pode até ter se especializado em algum assunto, mas uma *postura* de especialista só vai atrapalhar a sua conexão com o pai e a mãe que vêm se sentindo tão frágeis e com tantos desafios...

Difícil, né? Essa consciência de que nós educadores parentais não somos nem impostores nem "super-heróis" com superpoderes que sabem as respostas para tudo...

Agora que foi apresentado(a) a muitas opções, cabe a você decidir onde quer chegar e o que fazer para chegar lá.

POR ONDE COMEÇAR?

Você já deu o primeiro passo – REFLEXÃO e decidir se essa profissão é ou não para você.

Agora é a hora da AÇÃO: buscar conhecimento sólido sobre parentalidade (teoria E prática) com profissionais experientes e competentes; aprofundar-se na sua formação e preparação para começar a atuar; conhecer o seu público para definir assuntos, formato etc.; desenvolver as competências essenciais e aprender a divulgar seu trabalho.

Aí a TRANSFORMAÇÃO acontece!

Fico na torcida para nossos caminhos se cruzarem em algum curso, congresso, comunidade... Será um prazer te oferecer minha mão e caminharmos juntos(as), com o mesmo propósito de ajudar e **impactar famílias e gerações**!

AGRADECIMENTOS

Agradeço à minha filha Gabi que tanto contribuiu para meu desenvolvimento pessoal (e profissional). Ela se tornou essa mulher adulta, responsável, madura, capaz de aprender com seus erros e tão cheia de energia! Obrigada por simplesmente ser esse lindo ser humano que é e por me ensinar todos os dias a tentar ser uma pessoa melhor.

Tenho muito a agradecer a meus pais, irmãos e todos queridos familiares, pelo eterno apoio e exemplo de fé, coragem, resiliência, honestidade e integridade.

Deixo aqui também meu obrigada às minhas amigas queridas por estarem sempre ao meu lado como verdadeiras irmãs.

Um muito obrigada à Amarylis Manole, ao Marcos Toledo, gestor editorial da Manole e toda sua equipe da editora pela confiança e oportunidade de realizar um sonho.

Agradeço finalmente aos meus mestres, em especial à amiga Jane Nelsen e todos os colegas Educadores Parentais pela inspiração e por também dedicarem tanto trabalho na construção de um mundo melhor. Alguns destes já leram este livro e foram generosos com suas palavras de carinho e encorajamento. Muito obrigada. Vamos juntos impactar famílias e gerações!

REFERÊNCIAS BIBLIOGRÁFICAS E LIVROS SOBRE PARENTALIDADE (EM PORTUGUÊS)

Os livros que aparecem nesta seção são, na sua maioria, para o público final do educador parental: pais e mães, visto que ainda não há livros específicos para este profissional (o educador parental). Alguns poucos são para profissionais da educação ou saúde.

Foram selecionados para esta relação apenas livros escritos ou traduzidos para o português – porque a bibliografia em outras línguas seria muito ampla. Também não inclui livros infantis ou livros-caixinha.

Observe, pela data de publicação, como houve um aumento significativo no lançamento de livros sobre parentalidade nos últimos anos. Isso comprova o crescimento do mercado de livros para pais e mães no Brasil. Que venham muitas mais obras de qualidade para ajudar nosso trabalho.

1. ABRAHÃO, T. *Pais que evoluem: um novo olhar para a infância* - São Paulo: Literare Books International, 2020.
2. ADECHIE, C.N. *Para educar crianças feministas*: um manifesto – 1ª ed - São Paulo: Companhia das letras, 2017.
3. ALARCÃO, I. *Professores reflexivos em uma escola reflexiva*. São Paulo: Cortez, 2003.
4. ALEXANDER, J.J, SANDAHL, I.D. *Crianças dinamarquesas: o que as pessoas mais felizes do mundo sabem sobre criar filhos confiantes e capazes* – 1ª ed - São Paulo: Fontanar, 2017.
5. AMARAL, A.C. *Cartas de um terapeuta para seus momentos de crise* - São Paulo: Planeta do Brasil, 2020.
6. ANTUNES, L., MONTENEGRO, B. *Soft Skills Kids: como desenvolver as habilidades humanas nas crianças para se tornarem adultos bem-sucedidos* - São Paulo: Literare Books International, 2022.
7. AZRAK, D. *A linguagem da empatia: métodos simples e eficazes para lidar com seu filho* – São Paulo: Summus, 2010.
8. AZULAY, S.- *Como educar se não sei me comunicar?* - São Paulo: Literare Books International, 2022.
9. BARROS, L. *Eu não nasci mãe: o que precisei desaprender para aprender a ser mãe* – 1ª ed – São Paulo: Editora Nacional, 2020.
10. BASILE, T. *Nossa infância, nossos filhos: como acolher a criança que temos dentro de nós para educar com mais conexão e respeito* – Curitiba: Editora Matrescência, 2020.
11. BELLO, D.Z., VIANNA, L. *Inteligência emocional na prática* – Rio de Janeiro: Editora Conquista, 2019.
12. BERNARDES, C., GAMA, F. *Contos que curam: oficinas de educação emocional por meio de contos* - São Paulo: Literare Books International, 2019.
13. BOSCHI M., MAGALHÃES M. *Entre nós: Desafios da parentalidade na 1ª infância* – Rio de Janeiro: Editora Conquista, 2020.
14. BOWLBY, J. *Apego e Perda: Apego - A natureza do vínculo* – São Paulo: Martins Fontes, 2002.
15. BRASIL. Ministério da Educação. Base Nacional Comum Curricular. Brasília, 2018. Disponível em basenacionalcomum.mec.gov.br.
16. BRAUN, G. *Lar é onde minha mãe está: desfudendo a maternidade* – 1ª ed – Rio de Janeiro: Autografia, 2021.
17. BRITES L., BRITES C. *Mentes Únicas* – São Paulo: Editora Gente, 2020.
18. BRITES, C Como lidar com mentes a mil por hora – São Paulo: Editora Gente 2021.
19. BRITES, L. *Brincar é fundamental: Como entender o neurodesenvolvimento e resgatar a importância do brincar durante a 1ª infância* – São Paulo: Editora Gente, 2020.

20. BRITES, L., BRITES, C. *Como saber do que seu filho realmente precisa?* – São Paulo: Editora Gente, 2018.
21. BROWN, B. *A coragem de ser imperfeito* – Rio de Janeiro: Sextante, 2016 .
22. BROWN, B. *A arte da imperfeição: Abandone a pessoa que você acha que deve ser e seja você mesmo* – Rio de Janeiro: Sextante, 2020.
23. CARDOSO, A. *A mamãe é punk: crônicas da adolescência* – Caxias do Sul: Belas Artes, 2018.
24. CESTAROLI A., ET AL *Conectando pais e filhos: Práticas encorajadoras para educar crianças e adolescentes* – vol 2 - Rio de Janeiro: Editora Conquista, 2020.
25. CESTAROLI, A. *Encorajando Pais, vol 2: A parentalidade encorajadora como peça fundamental no desenvolvimento humano* – São Paulo: Literare Books International, 2022.
26. CHAPMAN, G., CAMPBELL, R. *As 5 linguagens do amor das crianças: como expressar um compromisso de amor a seu* filho – 2ª ed – São Paulo: Mundo Cristão, 2017.
27. CURY, A. *Inteligência socioemocional* – Rio de Janeiro: Sextante, 2019.
28. DIAS, M.G *Para de chatear a tua irmã e deixa o teu irmão em paz* – 1ª ed – Lisboa: Letras e Diálogos, 2018.
29. DIAS, M.G. *Berra-me baixo* - 1ª ed – Lisboa: Letras e Diálogos, 2016.
30. DIAS, M.G. *Crianças felizes* – 4ª ed – Lisboa: A Esfera dos Livros, 2016.
31. DREIKURS R., SOLTZ V. *Como educar nossos filhos nos dias de hoje: Liberarismo X Repressão* – Rio de Janeiro: Record, 1964.
32. DWECK, C.S. *Mindset: a nova psicologia do sucesso* – 1ª ed – São Paulo: Objetiva, 2017.
33. DWECK, C.S. *Por que algumas pessoas fazem sucesso e outras não: saiba como você pode ter êxito entendendo o código de sua mente* – Rio de Janeiro: Objetiva, 2008.
34. EIGENMANN, M. *A raiva não educa, a calma educa* – Bauru: Astral Cultural, 2022.
35. FABER, A., MAZLICH, E. *Como fazer seu filho ouvir e como ouvir para seu filho falar* – São Paulo: Summus, 2003.
36. FERREIRA, C. *Filhonário: manual para pais* – 1ª ed - Belo Horizonte: Amazon, 2022.
37. FERREIRA, H. M. *A geração do quarto: Quando crianças e adolescentes nos ensinam a amar* - Rio de Janeiro: Record, 2022.
38. FILLIOZAT, I. *Meu filho me enlouquece* – Rio de Janeiro: Sextante, 2018.
39. FREIRE, P. *Partir da Infância- diálogos sobre Educação* - 2ª ed - São Paulo: Paz e Terra, 2020.

40. FRIARY, V. *Mindfulness para crianças: estratégias da terapia cognitiva baseada em mindfulness* – Novo Hamburgo: Sinopysis, 2018.
41. GARDNER H. *Inteligência Múltiplas: a teoria na prática* – Porto Alegre: Artes Médicas, 1995.
42. GIL, B. *Bela Maternidade – Meu jeito simples e natural de ser mãe.* Rio de Janeiro: Sextante, 2018.
43. GOLEMAN, D. *Inteligência Emocional: a teoria revolucionária que redefine o que é ser inteligente* – 2ª ed – Rio de Janeiro: Objetiva, 2012.
44. GOMES, M.H.S.C., GOMES, M.C. *Valores Humanos: Essência da educação na formação do caráter* – 1ª ed – Curitiba: Editora Prismas, 2016.
45. GOTTMAN J., DeCLAIRE J. *Inteligência Emocional e a arte de educar nossos filhos* – Rio de Janeiro: Editora Objetiva, 1997.
46. GRIVOL P., POCAY, R. *Educar sem manual: para pais e educadores* – 1ª ed – São Paulo: Fontenele Publicações, 2020.
47. GUTMAN, L. *O poder do discurso materno: Introdução à metodologia de construção da biografia humana* – 5ª ed – São Paulo: BestSeller, 2016.
48. GUTMAN, L. *A biografia humana* – 6ª ed – São Paulo: BestSeller, 2016.
49. IACONELLI, V. *Criar filhos no século XXI* – 1ª ed – São Paulo: Contexto 2021.
50. KISHIMI I., KOGA F. *A coragem de não agradar* – Rio de Janeiro: Sextante, 2018.
51. KISHIMI I., KOGA F. *A coragem de ser feliz* – Rio de Janeiro: Sextante, 2020.
52. KLINJEY, R. *Help! Me eduque* – 1ª ed – São Paulo: Intelítera Editora, 2017.
53. KUPFER, M. *Eu, mãe e pai – a maternidade independente como escolha* - Barueri: Manole, 2019.
54. LISAUSKAS, R. *Mãe sem manual* – Caxias do Sul: Belas Letras, 2017.
55. LOTT, L., MENDENHALL, B. *Autoconsciência, aceitação e princípio do encorajamento: pensar, sentir e agir como uma nova pessoa em 8 semanas* – Barueri: Manole, 2019.
56. MARSILI, I. *Os 4 temperamentos na educação dos filhos* – 1ª ed – Campinas: Cedet, 2018.
57. MARTINS, N.P. *Educar pela Positiva: um guia para pais e educadores* - 1ª ed – Lisboa: Bertrand Editora, 2019.
58. MARTINEZ C. *O mundo da criança: emoções e aprendizagem.* Vol. 2 – São Paulo: Literare Books International, 2023.
59. MASTINE, I. *Coaching para pais: estratégias e ferramentas para promover a harmonia* familiar – São Paulo: Literare Books International, 2017.
60. MASTINE, I. *Coaching para pais: estratégias e ferramentas para promover a harmonia* familiar – vol.2- São Paulo: Literare Books International, 2018.

61. MATTOS, V. *Desenvolvimento infantil: 130 ideias para estimular brincando* – Rio de Janeiro: Wak Editora, 2018.
62. MILLER, A. *O drama da criança bem-dotada: como os pais podem formar (e deformar) a vida emocional dos filhos*. São Paulo: Summus Editorial, 1986.
63. MINATEL, I. *Crianças sem limites: educação empreendedora na primeira infância* – Barueri: Novo Século Editora, 2019.
64. MINATEL, I. *Temperamentos sem limite: como conseguir resultados com crianças da raiva e com crianças da tristeza* – Barueri: Novo Século Editora, 2019.
65. MOREIRA, I *Primeira Infância: Dicas de especialistas para esta etapa que é a base de tudo* – São Paulo Literare Books International, 2020.
66. MOREIRA, I. *Desenvolvendo pais, fortalecendo filhos* - São Paulo: Literare Books International, 2022.
67. MOREIRA, I. *Habilidades emocionais: por que essas competências precisam ser desenvolvidas na infância?* São Paulo: Literare Books International, 2021.
68. MOREIRA, I. *Primeira Infância volume 2: o que os pais precisam saber sobre a fase que é o alicerce da vida* – São Paulo: Literare Books International, 2021.
69. NELSEN J. ET AL *Disciplina Positiva de A a Z: 1001 soluções para os desafios da parentalidade* – 3ª ed – Barueri: Manole, 2020.
70. NELSEN J. ET AL *Disciplina Positiva para crianças de 0 a 3 anos: como criar filhos confiantes e capazes* – Barueri: Manole, 2018.
71. NELSEN J., DELORENZO C. *Disciplina Positiva na sala de aula montessoriana: como promover respeito, gentileza e responsabilidade em sala de aula* – 1ª ed – Santana do Parnaíba: Manole, 2022.
72. NELSEN J., ET AL *Disciplina Positiva para criar crianças de 3 a 6 anos: como criar filhos independentes e felizes* – 4ª ed – Barueri: Manole, 2021.
73. NELSEN, J. *Disciplina Positiva* – 3ª ed – Barueri: Manole, 2015.
74. NELSEN, J. ET AL *Disciplina Positiva em sala de aula: como desenvolver o respeito mútuo, a cooperação e a responsabilidade em sua sala de aula* – 4ª ed – Barueri: Manole, 2017.
75. NELSEN, J. ET AL *Disciplina Positiva para crianças com deficiência: como criar e ensinar todas as crianças a se tornarem resilientes, responsáveis e respeitosas* – 1ª ed – Barueri: Manole, 2019.
76. NELSEN, J. ET AL *Disciplina Positiva para pais ocupados: como equilibrar vida profissional e criação de filhos* – 1ª ed – Barueri: Manole, 2020.
77. NELSEN, J. ET AL *Guia de atividades da Disciplina Positiva – 33 Ferramentas de aprendizagem socioemocional para as crianças praticarem* – Barueri: Manole, 2023.
78. NELSEN, J., LOTT L. *Disciplina Positiva para adolescentes: uma abordagem gentil e firme na educação dos filhos* – 3ª ed – Barueri: Manole, 2019.

79. NOLÊTO, P. *Filhos em construção: as necessidades da criança pela teoria do esquema* – 1ª ed - São Paulo: Literare Books International, 2021.
80. OSHO *O livro das crianças* – 6ª ed – Rio de Janeiro: BestSeller, 2020.
81. ÖVÉN, M. *Caderno de família feliz* – 1ª ed – Porto: Albatroz, 2020.
82. ÖVÉN, M. *Educar com mindfulness* – 10ª ed – Porto: Porto Editora, 2015
83. ÖVÉN, M. *Educar com mindfulness na adolescência* – 1ª ed – Porto: Porto Editora, 2019.
84. PERIM, N. *Educar sem pirar: guia prático da psimama para descomplicar a vida com filhos* – 1ª ed – Rio de Janeiro: BestSeller, 2021.
85. PERROW, S. *Histórias curativas para comportamentos desafiadores* – 2ª ed – São Paulo: Federação das escolas Waldorf do Brasil, 2013.
86. PERRY, P. *O livro que você gostaria que seus pais tivessem lido (e seus filhos ficarão gratos por você ler)* – 1ª ed – São Paulo: Fontanar, 2020.
87. PINTO, E. *Filhos difíceis de educar: sugestões práticas e orientações para os pais* – 1ª. ed – São Paulo: Editora WMF Martins Fontes, 2010.
88. PLUTARCO, *Do amor aos filhos* – 1ª ed – São Paulo: Edipro, 2015.
89. PLUTARCO, *Da educação das crianças* – 1ª ed – São Paulo: Edipro, 2015.
90. PITANGA, M. *Pontos de afeto: lições de maternidade atípica* – 1ª ed - São Paulo: Literare Books International, 2022.
91. RAYES, C. *Orientação Familiar – volume 2: teoria e prática* - São Paulo: Literare Books International, 2023.
92. RAYES, C. *Orientação Familiar: Teoria e prática* - São Paulo: Literare Books International, 2022.
93. RAYES, C., ROCHA D. *Educação e Afeto: as linguagens do amor para uma aprendizagem significativa* – São Paulo: Literare Books International, 2023.
94. RIBEIRO, D. *Pequeno manual antirracista* – 1ª ed – São Paulo: Companhia das Letras, 2019.
95. ROCHA, D. *Professores extraordinários: como cuidar da saúde mental e emocional dos docentes?* – São Paulo: Literare Books International, 2021.
96. RONCA, P.A.C. *Quem são nossos filhos? Compreender o mundo para saber educá-los* – São Paulo: Edesplan: Hoper, 2014.
97. ROSENBERG, M. *Comunicação não violenta: técnicas para aprimorar relacionamentos pessoais e profissionais* – São Paulo: Ágora, 2006.
98. ROSENBERG, M. *Vivendo a comunicação não violenta* – Rio de Janeiro: Sextante, 2019.
99. ROSENBERG, M. *Criar filhos compassivamente – Maternagem e paternagem na perspectiva da Comunicação Não Violenta* – 5ª ed - São Paulo: Palas Athena, 2022.
100. SANTIAGO, B. *Pai tem que fazer tudo* – 1ª ed – Belo Horizonte: Páginas Editora, 2018.

101. SANTOS, E. *Por que gritamos: Como fazer as pazes consigo mesmo e educar filhos emocionalmente saudáveis* – São Paulo: Paz e Terra, 2020.
102. SANTOS, E. *Conversas corajosas Como estabelecer limites, lidar com temas difíceis e melhorar os relacionamentos através da comunicação não-violenta*– São Paulo: Paz e Terra, 2021.
103. SANTOS, E. *Vamos conversar: um pequeno antimanual de comunicação não violenta para a vida real* – São Paulo: Paz e Terra, 2023.
104. SANTOS, G., SITA, M. *Coaching Familiar: Educação de filhos e solução de conflitos* – São Paulo: Literare Books International, 2018.
105. SCHÖN, D.A. 1992. *Formar professores como profissionais reflexivos.* In: A. NÓVOA (Ed.) *Os professores e sua formação.* Lisboa: Dom Quixote. SCHON, D. A. (1992:83).
106. SENA, L.M., MORTENSEN, A.C.K. *Educar sem violência: Criando filhos sem palmadas* – 1ª ed – Campinas: Papirus 7 Mares, 2014.
107. SIEGEL, D.J. *Cérebro adolescente: O grande potencial, a coragem e a criatividade da mente dos 12 aos 14 anos* – 1ª ed – São Paulo: nVersos, 2016.
108. SIEGEL D.J., BRYSON T.P. *Disciplina sem drama: guia prático para ajudar na educação, desenvolvimento e comportamento dos seus filhos* – São Paulo: nVersos, 2016.
109. SIEGEL D.J., BRYSON T.P. *O cérebro da criança: estratégias revolucionárias para nutrir a mente em desenvolvimento do seu filho e ajudar sua família a prosperar* – 1ª ed – São Paulo: nVersos, 2015.
110. SIEGEL D.J., BRYSON T.P. *O cérebro que diz sim- como criar filhos corajosos, curiosos e resilientes* – São Paulo: Planeta do Brasil, 2019.
111. SIEGEL D.J., HARTZELL M. *Parentalidade consciente: como o autoconhecimento nos ajuda a criar nossos filhos* – 1ª ed – São Paulo: nVersos, 2020.
112. STAHL, S. *Acolhendo sua criança interior – uma abordagem inovadora para curar as feridas da infância* – Rio de Janeiro: Sextante, 2022.
113. STAHL, S. *Acolhendo sua criança interior – caderno de atividades Exercícios e reflexões para compreender seus sentimentos e se fortalecer* - Rio de Janeiro: Sextante, 2023.
114. STAMATEAS, A. *Meus filhos me deixam louca: como ajudar meus filhos a ser felizes* – Cotia: V & R Editora, 2009.
115. THOMAS, L. *A mamãe coach* – Belo Horizonte: Literare Books International: Scrittore Comunicação e Editora, 2018.
116. TIBA, I. *Adolescentes: quem ama, educa* – 46ª ed – São Paulo: Integrare Editora, 2020.
117. TIBA, I. *Disciplina: Limite na medida certa* – São Paulo: Integrare Editora, 2006.

118. TIBA, I. *Educação Familiar: presente e futuro* – São Paulo: Integrare Editora, 2014.
119. TIBA, I. *Educar para formar vendedores: A nova família brasileira* – São Paulo: Integrare Editora, 2010.
120. TIBA, I. *Família de alta performance: conceitos contemporâneos na educação.*
121. TIBA, I. *Juventude e drogas: Anjos Caídos* – São Paulo: Integrare Editora, 2007.
122. TIBA, I. *Pais e educadores de alta performance* – 2ª. ed – São Paulo: Integrare Editora, 2012.
123. TIBA, I. *Seja feliz, meu filho* – São Paulo: Integrare Editora, 2006.
124. VILARINHO, T. *Mãe fora da caixa* – São Paulo: Buzz Editora, 2017.
125. VILELA, J. *Meu filho cresceu, e agora?* - São Paulo: Literare Books International, 2019.
126. ZAGURY, T. *Educar sem culpa: A gênese da ética* – 28ª ed – Rio de Janeiro: Record, 2013.
127. ZAGURY, T. *Filhos adultos mimados, pais neglicenciados: efeitos colaterais da educação sem limite.*
128. ZAGURY, T. *Filhos: Manual de instruções* – Rio de Janeiro: Record, 2011.
129. ZAGURY, T. *Limites sem traumas* – 66ª ed – Rio de Janeiro: Record, 2005.
130. ZAGURY, T. *O adolescente por ele mesmo* – Rio de Janeiro: Record 1996.
131. ZAGURY, T. *Os novos perigos que rondam nossos filhos* – 1ª ed – Rio de Janeiro: Bicicleta Amarela, 2017.